JORGE RAMOS es un periodista y escritor, nacido en la Ciudad de México y que lleva más de veinticinco años viviendo en Estados Unidos. Es copresentador del *Noticiero Univision* y tiene un programa de entrevistas, *Al Punto*, todos los domingos. Escribe una columna semanal distribuida por *The New York Times Syndicate* y colabora diariamente con sus análisis en Radio Univision. Este es su décimo libro.

Aparece frecuentemente en las cadenas ABC, CBS, NBC y CNN, entre otras, en defensa de los inmigrantes; le da voz a los que no tienen voz. Fue considerado por la revista *Time* como uno de los "veinticinco Hispanos más influyentes de Estados Unidos".

Ha ganado ocho premios Emmy y un Cabot. Tiene dos hijos, Paola y Nicolás. Vive en Miami y en los aviones. Y sigue tratando de jugar fútbol los sábados por la mañana.

OTROS LIBROS POR JORGE RAMOS

A la caza del león
Atravesando fronteras
Detrás de la máscara
Lo que vi
Morir en el intento
La ola latina
La otra cara de América
El regalo del tiempo
Me parezco tanto a mi papá / Me parezco tanto a mi mamá

TIERRA DE TODOS

TIERRA DE TODOS

✦

Nuestro momento para crear
una nación de iguales

JORGE RAMOS

Vintage Español
Una división de Random House, Inc.
Nueva York

PRIMERA EDICIÓN VINTAGE ESPAÑOL, MAYO 2009

Copyright © 2009 por Jorge Ramos

Todos los derechos reservados. Publicado en los Estados Unidos de América por Vintage Español, una división de Random House, Inc., Nueva York y en Canadá por Random House of Canada Limited, Toronto.

Vintage es una marca registrada y Vintage Español y su colofón son marcas de Random House, Inc.

Información de catalogación de publicaciones disponible en la Biblioteca del Congreso de los Estados Unidos.

Vintage ISBN: 978-0-307-47519-0

www.grupodelectura.com

Impreso en los Estados Unidos de América
10 9 8 7 6 5 4 3 2 1

A todos los indocumentados… para que tengan voz,
dejen de ser invisibles y puedan vivir sin miedo.

"Todos los hombres son creados iguales".[1]

—DECLARACIÓN DE INDEPENDENCIA 1776

"Los felices y poderosos no se van de su país".[2]

—ALEXIS DE TOCQUEVILLE

"Hay muy poco que sea más extraordinario que la decisión de salir de tu país y vivir en otro".[3]

—JOHN F. KENNEDY

"Debemos tomar partido. La neutralidad ayuda al opresor, nunca a la víctima. La acción es el único remedio contra la indiferencia. La indiferencia es el mayor peligro de todos".[4]

—ELIE WIESEL

"Ahora es el momento de arreglar nuestro sistema migratorio".[5]

—BARACK OBAMA

CONTENIDO

AGRADECIMIENTOS

A Milena Alberti y a su equipo de Vintage Español por creer en este proyecto, por adoptarme y por su gran visión de un Estados Unidos multiétnico, multilingüe y multicultural.

A René Alegría, que una vez más se lanza conmigo a esta aventura (con la diferencia en que esta vez es sin paracaídas).

A mis compañeros de Univision, que me aguantan todos los días y con quienes comparto el enorme gusto de perseguir noticias y hacer lo que más me gusta hacer.

A esos grandes pioneros latinos, César Chávez, Dolores Huerta, Julián Samora, Raúl Izaguirre y Henry Cisneros, que nos han abierto el camino; el presente y futuro de Estados Unidos no se puede entender sin ellos.

A mis hijos, Paola y Nicolás, porque finalmente todo lo hago por ellos. Y gracias a ellos he podido ver a este país a través de sus ojos.

A Ana, que me ha llenado de títulos para libros, de ilusiones y de vida.

PRÓLOGO

El objetivo de este libro es hacer visibles a los invisibles y darles voz a los que no tienen voz.

En momentos de crisis como este, cuando millones de personas han perdido sus empleos, puede parecer una misión destinada al fracaso el luchar por una reforma de fondo en el sistema migratorio, que permita la legalización de millones de indocumentados. Pero no lo es.

Este es nuestro tiempo para asegurarnos que Estados Unidos será un país de iguales. Esta es tierra de todos.

Y la elección de Barack Obama como presidente nos brinda una oportunidad histórica para incorporar a la sociedad norteamericana a los que viven marginados, con miedo y en las sombras. Obama es el mejor ejemplo de que Estados Unidos le da oportunidades a todos, independientemente de su origen y grupo étnico.

Entiendo que algunos norteamericanos se puedan preguntar ¿por qué voy a apoyar la legalización de más trabajadores si yo, o alguien de mi familia, ha perdido su empleo o corre el peligro de perderlo? O ¿por qué voy a querer que un extranjero que lleva menos tiempo que yo en Estados Unidos compita conmigo por un empleo?

Este libro pretende responder a esas preguntas y muchas más.

Pero empecemos por decir que Estados Unidos es un mejor país gracias a los inmigrantes, tanto legales como indocumentados. Estados Unidos no sería lo que es sin la energía, la creatividad, el empuje y las oportunidades que generan los inmigrantes, con y sin documentos. Ellos son indispensables.

En las próximas páginas pretendo exponer todo lo que los indocumentados han contribuido a este país e intentar demostrar, frente a las frecuentes críticas, por qué deben ser legalizados. Y eso se demuestra con argumentos, con datos y tratando de dejar a un lado la retórica y el divisionismo que ha marcado este debate.

No estoy solo.

Políticos de ambos partidos y organizaciones latinas y no latinas han luchado a favor de una legalización durante años. Y nada se ha logrado. Pero el problema de la inmigración indocumentada ha crecido de tal manera que no podemos seguir postergando un debate honesto, respetuoso y una eventual solución.

Nuestro tiempo es ahora.

La defensa de los inmigrantes indocumentados es la nueva frontera de los derechos civiles en Estados Unidos. Nunca antes en la historia de Estados Unidos hubo tantos indocumentados como ahora. Nunca, como ahora, se ha puesto a prueba la extraordinaria tradición norteamericana de integrar en la sociedad a los inmigrantes que llegan. Nunca han existido tantas leyes y castigos, tanto

locales y estatales como nacionales, en contra de los inmigrantes.

De cómo resolvamos ahora el apremiante asunto de los
indocumentados, depende el futuro de Estados Unidos.
Una nación multiétnica, multirracial, multicultural y multilingüe está obligada a preservar la tolerancia y los valores de equidad en los que se basa su origen.

En una época de crisis económica, como la que estamos
viviendo, aunada a la lucha contra el terrorismo, el primer
impulso suele ser el culpar a los inmigrantes de los principales problemas del país. Pero ese impulso debe ser rechazado
con argumentos, racionalidad y con la generosidad que ha
caracterizado siempre a este país respecto a los extranjeros.

La fortaleza de Estados Unidos se deriva de su diversidad, de su tolerancia a lo que es distinto y de su impulso
innovador. No podemos escuchar a los que dicen que la
unidad de Estados Unidos depende de su idioma o de ciertos rasgos físicos de una parte de su población. La unidad
de esta nación está en sus valores y en esa maravillosa intención, establecida en su declaración de independencia,
de que todos los hombres y mujeres somos iguales.

Es imposible e innecesario ocultar que este debate sobre
los indocumentados genera muchas pasiones y controversia. A veces parecería que no hay nada en común entre los
que buscan su legalización y los que desean que sean deportados. Sin embargo, sí hay varias cosas en las que todos
podemos estar de acuerdo:

• Estamos de acuerdo en que el actual sistema migratorio de Estados Unidos no funciona y urge cambiarlo.

• Estamos de acuerdo en que nadie quiere inmigración indocumentada (ni siquiera los mismos indocumentados).

• Estamos de acuerdo en que Estados Unidos, como todo país, tiene el derecho de defender sus fronteras y de establecer a quién acepta y a quién no.

• Estamos de acuerdo en que no hay ninguna razón que justifique la muerte de inmigrantes en la región fronteriza; cada día, en promedio, muere un inmigrante en la frontera.

• Estamos de acuerdo en que la política de Estados Unidos no debe ser separar familias.

• Y estamos de acuerdo en que es imposible deportar a todos los indocumentaodos, por lo que es preciso hacer algo con los que ya están aquí.

Estos son, creo, seis puntos en los que todos podemos estar de acuerdo. Y estos deben conformar nuestro punto de partida.

Y luego, ¿qué hacer? Esa es la verdadera pregunta.

Hay muchas alternativas, desde los que creen que sólo la fuerza debe ser utilizada —redadas, más agentes fronterizos, deportaciones, leyes antiinmigrantes— hasta quienes creen que los indocumentados deberían recibir una amnistía (como la patrocinada por el ex presidente Ronald Reagan en 1986).

De entrada podemos decir que las opciones de fuerza, por sí solas, no van a resolver el problema migratorio. Físicamente es imposible arrestar y deportar a 12 millones de hombres, mujeres y niños. Además, no puedo ni imaginarme las imágenes de televisión y en la internet de la policía, el ejército y los agentes migratorios llevando por la fuerza a familias enteras a centros de detención para, después, deportarlas a sus países de origen. Estados Unidos no es ese país.

También hay que reconocer que frente a la actual crisis económica y al creciente sentimiento antiinmigrante, no hay voluntad política en Washington para dar una amnistía como la que legalizó a 3 millones de personas hace poco más de dos décadas. Esa amnistía, sobra decir, tampoco resolvió el problema migratorio.

Nuestra obligación ahora es encontrar una solución intermedia —entre la fuerza y la amnistía—, lo suficientemente flexible y efectiva que nos pueda servir, al menos, para todo este siglo.

Sí, tenemos que pensar a largo plazo. De nada nos sirve otra solución a medias para un fenómeno que no se va a detener. Seamos realistas. Mientras Estados Unidos sea una superpotencia económica, millones de personas en todo el mundo buscarán cómo venir a vivir aquí. De lo que se trata, entonces, es de encontrar una solución migratoria que considere la constante llegada de inmigrantes y que, a la vez, beneficie a este país.

Pero antes de eso hay que resolver la situación de los que ya están aquí.

En las próximas páginas van a encontrar el dilema de los invisibles, que es como muchas personas llaman a los indocumentados en Estados Unidos. Pero también voy a presentar diez razones concretas, basadas en datos y estadísticas, que justificarían la legalización de millones de personas.

Todo esto entra en el contexto del enorme crecimiento de los hispanos en Estados Unidos y en su histórica participación en las elecciones presidenciales del 2008. Por eso le he dedicado dos capítulos a estos importantísimos temas.

Y al final, además de establecer soluciones concretas al problema migratorio, propongo un manifiesto para una nueva América. Estados Unidos nunca podrá ser un nuevo país si no corrije la discriminación contra sus minorías y si no reconoce, de una vez y por todas, que fue y es un país de inmigrantes y que su futuro y fuerza depende de que lo siga siendo.

Estados Unidos es, de alguna manera, la tierra de todos. Y su destino depende en gran medida de cómo resuelva la actual crisis creada por los más débiles dentro de su territorio, es decir, los inmigrantes indocumentados.

Uno

LOS INVISIBLES

Nadie los ve. Pero están ahí.

A veces pasan frente a nosotros y los atravesamos con nuestra mirada como si fueran transparentes.

Nuestra vida sería muy distinta sin ellos. Pero no todos en Estados Unidos reconocen su importancia.

Son los indocumentados. Son los invisibles.

Prefieren no ser vistos ni contados por las autoridades ni por funcionarios del censo; no siempre es fácil distinguir entre un burócrata y un agente de inmigración.

No se acercan a la policía. La evaden aunque necesiten su protección. Mientras menos los vean mejor; menos probabilidades hay de tener problemas con la ley.

Viven en la oscuridad porque la luz delata su presencia, y ser vistos implica el riesgo de ser arrestados y expulsados del país.

Viven en silencio. No suelen quejarse, aunque tengan la razón, porque hacerlo pudiera implicar una denuncia y la deportación.

Podemos cruzarnos con ellos en la calle y suelen bajar la

mirada. No ser es su forma de ser. No tener una identidad es su identidad.

Y, sin embargo, Estados Unidos no funcionaría igual sin su presencia. Ellos realizan las labores más difíciles, las peor pagadas y las menos deseables. Limpian lo que nadie quiere limpiar, cosechan nuestros alimentos, cocinan nuestra comida, construyen nuestras casas.

Casi no se ven en los hoteles y restaurantes, pero ahí están. Son como fantasmas. Caminan sin hacer ruido, no establecen contacto visual y sólo contestan cuando no tienen más remedio. No hacerse notar es la consigna.

Los encontramos fregando platos, escondidos en las cocinas, haciendo *sushi*, preparando los mejores platos de comida francesa o italiana. Aprenden rápido y aprenden a hacer cualquier cosa —lo que sea— porque de lo que se trata es de sobrevivir.

Aceptan condiciones de trabajo que ningún norteamericano siquiera consideraría. Sin respetar el salario mínimo, sin seguro médico, sin ninguna protección laboral, siempre bajo la amenaza de un despido injustificado o una denuncia al Servicio de Inmigración. Un día pueden tener trabajo y perderlo, sin razón, al día siguiente.

Son los que tienen que recoger nuestros desperdicios en los baños y vivir ocho, nueve y diez horas al día rodeados de malos olores.

Pocas veces los vemos pero su presencia es necesaria.

Los encontramos durmiendo en tráilers o en familia, amontonados, en un solo cuarto. Papá, mamá e hijos en un solo camastro porque no hay más. Y a veces hay que acomodar hasta a la tía y a la abuelita y al primo del amigo del vecino que acaba de llegar.

A pesar de todo lo que se dice sobre ellos —que son criminales, que son terroristas, que ponen en peligro el sistema legal del país— les confiamos a nuestros hijos, les permitimos que se metan a nuestros cuartos y hasta que tiendan nuestra cama.

Son las *nannies* que cuidan a un futuro presidente, gobernador, abogado, doctor, alcalde, actor, inventor, jugador de fútbol americano, estrella de Broadway o de Hollywood... porque sus papás tienen que trabajar.

Llevan a nuestros hijos al parque, los alimentan, los protegen igual o mejor que nosotros, y los cuidan como si fueran suyos porque, muchas veces, los suyos se quedaron atrás, en un país que queda a muchas horas en avión o a una llamada telefónica con tarjeta o a un *click* de computadora, pero es tan lejos que a veces se siente como si estuvieran en otro planeta.

Y están aquí porque, si no, se morirían de hambre en su país o porque no querían condenar su vida y la de sus hijos a la pobreza de sus padres y abuelos. Vinieron a buscar las oportunidades que no había donde nacieron. Y son precisamente los más fuertes, los más valientes, los más inconformes, los más rebeldes, los más valiosos, los que están dispuestos a hacer casi cualquier cosa para salir adelante, los que decidieron venir a Estados Unidos.

Pero el costo fue muy alto. Pasaron de ser visibles a invisibles. Y ahora es el momento de brindarles el reconocimiento, el respeto y, eventualmente, su visibilidad.

Nada fortalece más la autoestima de una persona que ver y ser visto, sin miedos y sin tener que esconder la mirada.

.✦.

Es difícil saber exactamente cuántos indocumentados hay en Estados Unidos. Pero el Pew Hispanic Center ofrece las cifras más realistas. Casi 12 millones.[1]

La población indocumentada ha seguido aumentando:

Eran 8,4 millones en el 2000, 10,2 millones en el 2004 y 11,9 millones en el 2008. Sin embargo, sí se ha notado una disminución en el número total de indocumentados que cada año se quedan a vivir en Estados Unidos.

Entre el año 2000 y el 2004 entraron, en promedio, 450 mil indocumentados por año. Y esa cifra bajó a 425 mil anualmente entre el 2004 y el 2008. Sin duda, la crisis económica en Estados Unidos y el aumento de las medidas antiinmigrantes han tenido su impacto.

Cada vez hay más policías en todo el país que son obligados a actuar, también, como agentes de inmigración. Y existe un creciente esfuerzo por criminalizar a los indocumentados. Hay varios ejemplos.

La aprobación de una nueva ley migratoria en 1996 (*The Illegal Immigration Reform and Immigrant Responsibility Act*) acrecentó las causas por las que se puede ser deportado del país, aumentó los castigos para aquellos que fueran encontrados sin documentos legales en Estados Unidos y, en general, complicó enormemente la vida de los indocumentados.

También, en lugar de sólo arrestar y deportar a trabajadores indocumentados, se les está acusando de falsificación de documentos, entre otros delitos, haciendo mucho más difícil su ya frágil situación legal. Esto ha implicado meses y hasta años de cárcel antes de ser deportados a sus países de origen.

Todo esto explica, en parte, la disminución en el número de indocumentados entrando a Estados Unidos. Cada vez es más difícil encontrar trabajo.

Pero siguen llegando.

Aún con esta disminución, por cada indocumentado que es deportado de Estados Unidos, entra al menos otro más. ¿Qué tipo de política migratoria es esta? Puede ser cualquier cosa, pero no eficaz.

Cada minuto, aproximadamente, entra un indocumentado a Estados Unidos. Uno por minuto.

El hambre es más fuerte que el miedo.

El problema de la inmigración indocumentada radica

en una simple ecuación económica de oferta y demanda.
Mientras haya desempleados o gente ganando 5 dólares al
día en México y en el resto de América Latina, y trabajos
para ellos en Estados Unidos donde pueden ganar eso
mismo en menos de una hora, seguirá existiendo inmigración indocumentada al Norte.

Esto explica por qué la gran mayoría de los indocumentados proviene de América Latina; cuatro de cada cinco.
De los 9,6 millones de indocumentados latinoamericanos
que había en Estados Unidos en marzo del 2008, 7 millones provenían de México.

El 59 por ciento de todos los indocumentados son de
México, el 22 por ciento de otros países latinoamericanos,
12 por ciento de Asia, 4 por ciento de Europa y Canadá, y
el otro 4 por ciento de África y otras regiones del mundo.[2]

Algo no está funcionando bien en el sistema migratorio
norteamericano. Los indocumentados, según el estudio
del Pew Hispanic Center, son la tercera parte de los 39 millones de extranjeros que vivían en Estados Unidos en el
2008. Y su crecimiento ha sido impresionante; su número
ha aumentado en 5,3 millones desde el inicio de este siglo.

Los indocumentados cosechan nuestra comida, construyen nuestros hogares y son una parte imprescindible de
la sociedad norteamericana. Puede ser que muchos no los
vean, pero ahí están.

✦

Alguien que no los vio, ni en su propia casa, fue Michael Chertoff, quien fuera secretario de seguridad interna durante el gobierno de George W. Bush y quien estuvo encargado de poner en práctica la política migratoria de Estados Unidos.

Cinco indocumentados formaron parte de los equipos de limpieza de una compañía que durante cuatro años estuvo trabajando temporalmente en la casa del secretario Chertoff en Maryland, según reportó el diario *The Washington Post*.[3] Él les pagaba 185 dólares por visita cada par de semanas.

Los agentes del Servicio Secreto revisaban regularmente las identificaciones de los empleados de la compañía de limpieza y no encontraron nada raro. Hasta que la empresa fue sometida a una investigación. Los investigadores de ICE (U.S. Immigration and Custom Enforcement) descubrieron que el dueño de la empresa supuestamente no había revisado correctamente los documentos de sus empleados ni llenado los formularios (I-9) exigidos por la ley de 1986. Le pusieron una multa de 22.880 dólares.

Chertoff no quiso hacer comentarios públicos al respecto. ¿Pero debieron él y su esposa asegurarse de que ningún indocumentado trabajara en su casa? No. La ley le exige eso a la compañía que los contrató. Si los Chertoff hubieran contratado directamente a sus empleados de limpieza entonces sí serían responsables. No fue el caso.

Sin embargo, esto refleja que el asunto de los inmigrantes indocumentados afecta la vida de todos en Estados

Unidos, hasta la del encargado de evitar actos terroristas y controlar la migración.

"Este asunto ilustra la necesidad de una reforma migratoria total y la importancia de un sistema efectivo que permita a las compañías determinar el estatus legal de sus empleados", reconoció al *Washington Post* Russ Knocke, el entonces vocero del Departamento de Seguridad Interna.[4]

Cierto. Pero la realidad es que cinco indocumentados limpiaron la casa donde duerme Chertoff y el ahora ex secretario sólo se enteró después de cuatro años de estar sucediendo esto. Y si eso le pasó a Chertoff, ¿qué podemos esperar de los otros 300 millones de norteamericanos que no están encargados de la política migratoria de Estados Unidos y no tienen el apoyo del Servicio Secreto, de investigaciones oficiales y de agentes de migración?

En un tono triunfal, a finales del 2008, Michael Chertoff pronunció un discurso en el que enumeraba como uno de sus éxitos el haber "revertido el flujo de la inmigración ilegal".[5] Pero más que revertir la inmigración, a lo que se refería Chertoff era a que el número de indocumentados cruzando la frontera se había reducido y a que el número de deportados había aumentado.

Sin embargo, eso difícilmente se puede considerar un triunfo.

Desde que Chertoff tomó posesión como secretario del Departamento de Seguridad Interna el 15 de febrero de 2005 hasta que entregó su puesto el 20 de febrero de 2009 entraron a Estados Unidos más de 1 millón de indocumentados. (Y estoy usando las mismas cifras del Pew Hispanic Center que mencionó Chertoff en su discurso.)

Eso no suena a que se está "revirtiendo" el flujo de la inmigración ilegal.

*

A mediados del 2007, cuando aún faltaba año y medio para la elección presidencial, muchos pensaban que los indocumentados se podrían convertir en un tema central de la campaña electoral. Pero una buena parte de los políticos estaba pensando también en su reelección o en cómo proteger a sus aliados políticos. Y fue en ese recargado ambiente que se discutió en el Senado el futuro de 12 millones de invisibles.

El asunto, desde luego, estaba destinado a fracasar.

El ex presidente Bush había llegado a la presidencia en el 2001 con la clara intención de buscar una manera de legalizar a los indocumentados. Fue una de sus promesas de campaña. De hecho, el 10 de julio de 2001, en una ceremonia en Ellis Island, en Nueva York, el presidente dijo lo siguiente: "La inmigración no es un problema que tiene que resolverse. Es señal de una nación segura y exitosa... Los recién llegados no deben ser recibidos con sospechas y resentimiento sino con apertura y cortesía".[6]

A pesar del claro apoyo del ex presidente George W.

Bush —quién durante su primera campaña en el 2000 había ofrecido un trato compasivo— no se reunieron los votos necesarios en el Senado el 28 de junio de 2007 para aprobar una legalización de los indocumentados.

Sólo cuarenta y seis senadores votaron a favor y cincuenta y tres lo hicieron en contra la tarde del 28 de junio de 2007. No había manera en que la propuesta de legalización obtuviera los sesenta votos a favor que necesitaba.

Los invisibles seguirían siendo invisibles.

Y mudos.

Fue, hay que aclararlo, un fracaso bipartidista: quince demócratas, treinta y siete republicanos y un independiente votaron en contra. El propio ex presidente Bush reconoció en una entrevista con la cadena ABC, casi al final de su mandato, que la imposibilidad de lograr una reforma migratoria fue una de las grandes desilusiones de su presidencia.[7]

Al mismo tiempo que se cerraba la opción legal para resolver el creciente problema de los indocumentados, el gobierno del ex presidente Bush incrementaba sus operaciones de arresto y deportación de indocumentados, que llegaron a alcanzar cifras sin precedente.

Para estos inmigrantes, era un doble golpe: no sólo se desvanecía la oportunidad de legalizar su situación sino que los empezaron a perseguir como nunca antes.

En el 2008 fueron deportadas 349.041 personas por el Servicio de Inmigración (U.S. Immigration and Customs

Enforcement-ICE).[8] Muchas más que el año anterior.[9] Sin embargo, estas deportaciones estaban muy lejos de resolver el problema migratorio del país.

A pesar de que estas eran unas cifras récord, el número de indocumentados que continuaban entrando ilegalmente al país era superior al número de deportaciones. Es decir, cada vez había más indocumentados.

Lejos de ser un defensor de los inmigrantes, las redadas se multiplicaron durante la administración del ex presidente Bush. Y los inmigrantes fueron perseguidos como si fueran terroristas. Miles de trabajadores latinoamericanos, cuyo único pecado había sido cruzar la frontera para obtener un empleo, fueron arrestados y deportados mientras Osama bin Laden seguía libre.

El incremento de las redadas en lugares de trabajo fue impresionante. Se realizaron en taquerías, fábricas, carnicerías y compañías de pintura. Y sus efectos fueron brutales.

En el año 2002 sólo hubo 510 arrestados en redadas. En cambio, en el 2008 ese número se disparó a 6.287.[10] Lo irónico y absurdo es que en sólo cuatro días entran al país el mismo número de indocumentados que los arrestados en el último año de redadas.

Y las consecuencias sociales son gravísimas. "Ahora tienes a muchas madres solteras", dijo en una entrevista para la radio pública el congresista de Illinois Luis Gutiérrez, al criticar las redadas del servicio de inmigración. "Ahora tienes a adolescentes de quince años de edad que no tienen papá. Pensemos en eso por un momento. El gobierno se llevó a tu papá".[11]

✦

Este es un ejemplo de por qué las redadas no sirven.

En la mañana del 6 de marzo de 2007 cerca de 500 agentes de inmigración se metieron en una fábrica de New Bedford, Massachusetts.

Más de 320 inmigrantes fueron detenidos en la fábrica donde se producían artículos de cuero para el ejército de Estados Unidos. Ojo: estamos hablando de posibles indocumentados que cooperan con soldados norteamericanos en medio de una guerra.

La mayoría de los detenidos eran mujeres de Guatemala y El Salvador. Muchos de los arrestados fueron puestos en un avión y enviados a un centro de detención de indocumentados en Texas; el paso previo a su deportación.

El problema fue que cerca de cien niños se quedaron sin un papá o máma que los cuidara, según constató Corinn Williams, directora de un centro comunitario de la ciudad. "Esta ha sido una crisis humanitaria aquí en New Bedford", dijo.

Un bebé de ocho meses de edad tuvo que ser llevado de emergencia a un hospital porque se estaba deshidratando, de acuerdo a reportes de prensa que citan a dos funcionarios.

Al final de cuentas unos sesenta indocumentados fueron liberados debido a que eran las únicas personas que se podían encargar de sus hijos.

¿Qué se ganó con la redada de New Bedford? Nada. ¿Se resolvió el problema migratorio en Massachusetts? No. ¿Evitará esa redada que otros indocumentados trabajen en Estados Unidos? No. ¿Detiene el flujo de nuevos indocumentados? No.

Lo único que se consiguió fue generar pavor en la comunidad inmigrante. Esa gente tiene miedo de salir a las calles. Pónganse en el lugar de estas familias. ¿Se imaginan el temor de un niño que no sabe si sus papás van a regresar del trabajo?

Y los arrestados, todos, eran trabajadores, no terroristas.

Los primeros informes sugerían que esos indocumentados arrestados estaban realizando trabajos que ningún norteamericano quería. Los investigadores federales, de acuerdo con un reporte que leí, encontraron a los empleados en muy malas condiciones de trabajo. Dicen que supuestamente les cobraban una multa de 20 dólares por hablar en el trabajo o por tardarse más de dos minutos en el baño.

✦

Aquí les pongo otro trágico caso.

"Como a las cuatro de la mañana tocaron la puerta muy fuerte", me dijo Walter. Creía que se le había hecho tarde para ir al trabajo y que alguno de sus compañeros lo estaba despertando. Pero no era así. "Era Inmigración; eran los policías".

Conocí a Walter a mediados del 2007 en un centro de detención para indocumentados en Virginia. Acababa de amanecer y había pasado la peor noche de su vida. Todavía le temblaban las manos y la voz. No le dio tiempo de rasurarse ni de lavarse los dientes. Su aliento olía a miedo.

Walter vino de Bolivia a Estados Unidos para salvar una vida. Su esposa, me dijo, sufre de lupus.

"Rompí la ley", reconoció en una entrevista en su celda. "Pero es por una vida. Yo estoy aquí para salvar una vida. No estoy por otra cosa". Su deportación, me aseguró, sería como "condenar a muerte" a su esposa. No tendría suficiente dinero para medicinas ni tratamientos.

Allá, en la Bolivia de Evo Morales, me dijo, la medicina no está tan avanzada. Su único chance para que ella sobreviviera era venir a Estados Unidos. Y eso hicieron.

Walter estaba en el lugar equivocado en el momento equivocado.

Los agentes del Servicio de Inmigracion (ICE) iban en busca de otra persona. Pero cuando se encontraron a Walter le preguntaron sobre su estatus migratorio y él les mostró su pasaporte.

Un poco después fue arrestado y llevado en una camioneta al centro de detención, donde se iniciaría su proceso de deportación. Su esposa aparentemente no estaba en la casa donde él fue arrestado.

En esas primeras horas después de su detención, Walter esperaba que lo dejaran quedarse en Estados Unidos por razones humanitarias. Después de todo, había una vida —la de su esposa— de por medio.

"Las redadas deberían estar más dirigidas a las personas que hacen daño a este país", me dijo, entre resignado y molesto. "Lo único que hacemos es venir a trabajar".

De nada sirvieron sus súplicas. Walter fue deportado a Bolivia poco después de nuestra entrevista.

Incluso, cuando se trata específicamente de encontrar, arrestar, detener y deportar a inmigrantes que son criminales, las redadas son muy poco efectivas.

Las redadas sirven, en la mayoría de los casos, para arrestar a indocumentados que no tienen un historial criminal. El 73 por ciento de las casi 97 mil personas arrestadas en operaciones realizadas directamente contra fugitivos de la justicia entre el 2003 y principios del 2008 culminó con la captura de indocumentados que no tenían un record criminal, según un reporte del Instituto de Política Migratoria, una institución independiente.[12]

De hecho, de acuerdo con los propios cálculos del Departamento de Seguridad Interna, sólo el 9 por ciento de los arrestados (en un programa nacional para capturar fugitivos) tenían antecedentes penales. Esto es una clara disminución respecto al 2003, cuando el 32 por ciento de los inmigrantes arrestados eran criminales.

Conclusión: las redadas culminan, generalmente, con

el arresto de inmigrantes inocentes, no de criminales convictos.

✦

Barack Obama, durante la campaña presidencial, criticó las redadas que separan a familias. "No es la manera americana de hacer las cosas el arrancarle su madre a una niña", me dijo en una entrevista, "sin que pensemos en las consecuencias de ese hecho".[13]

De los casi 2,2 millones de inmigrantes deportados entre 1997 y 2007, más de 100 mil fueron padres y madres de niños nacidos en Estados Unidos, según el Departamento de Seguridad Interna. Esto no es un trato compasivo con los inmigrantes. Ni efectivo.

Las redadas han aterrorizado a la comunidad latina y separado a miles de familias hispanas.

Las redadas y las deportaciones han afectado, también, a ciudadanos norteamericanos. Al menos 13 mil niños, nacidos en Estados Unidos, vieron a uno o a ambos padres ser deportados entre el 2006 y el 2007, de acuerdo a un estudio del Consejo Nacional de la Raza y el Urban Institute. De hecho, dos terceras partes de los hijos de inmigrantes indocumentados deportados son ciudadanos norteamericanos por el simple hecho de haber nacido en Estados Unidos.[14]

Uno de los casos más dramáticos fue el de la hondureña

Saída Umanzor, de veintiséis años, quien fue arrestada en su casa en Conneaut, Ohio, el 26 de octubre de 2007 y estuvo arrestada durante once días. Su bebé, Brittney Bejarano, de nueve meses de edad, era amamantada —su única fuente de alimentación— hasta que su madre fue detenida.

En este caso tuvo que intervenir Julie Myers, la entonces directora del Servicio de Inmigración (ICE) para liberar a la madre y reunirla con su bebé norteamericana. Brittney sobrevivió las casi dos semanas que estuvo alejada de su madre.

Como el de Saída y Brittney hay miles de casos de familias divididas por la política migratoria de Estados Unidos.

✦

Con el apoyo de sus abogados, 600 niños norteamericanos, en su mayoría nacidos en Estados Unidos, presentaron una demanda ante la Corte Suprema de Justicia en enero del 2009 con el objetivo de detener las deportaciones de sus padres indocumentados. La demanda también incluyó al presidente Barack Obama.

"[Barack Obama] es el único que puede firmar una orden ejecutiva que pare las deportaciones… y no veamos más lágrimas y más dolor en estos niños", me dijo en una entrevista la líder comunitaria Nora Sándigo, quien representó legalmente a los niños en la demanda.

Entre los niños demandantes estaban los dos hijos de

Maricela Soza, quien fue arrestada por agentes de inmigración en su propia casa de Miami. "Yo estaba ahí cuando eso pasó", me dijo Ronald Soza, de nueve años de edad, recordando el momento en que vio entrar a los agentes de inmigración. "Empecé a llorar y me fui a mi cuarto".

Ronald y su hermana Cecia Soza, de doce años de edad, hicieron lo impensable para evitar la deportación de su madre: una huelga de hambre.

"Dejamos de comer durante tres días", me dijo Cecia. Los niños iniciaron la huelga en las oficinas de la organización proinmigrante Fraternidad Americana en Miami. El padre de Cecia y Ronald no estuvo presente. No quería ser detenido por las autoridades de inmigración y dejar solos a sus hijos en Estados Unidos.

Al final, todo el esfuerzo de los niños fue en vano.

Tras cuarenta y dos días de arresto, Maricela Soza fue deportada a Nicaragua el 28 de enero de 2009. "No sé lo que va a pasar ahora", me comentó Maricela desde Managua. "Yo le he dicho a los niños que tengan mucha paciencia. Ahorita lo que estoy pidiendo es que vuelvan a reabrir el caso".

A pesar de las trágicas historias de separación familiar como esta, hay quienes quieren más mano dura.

El congresista Lamar Smith de Texas propuso, en una carta abierta escrita en agosto de 2008, eliminar la ciudadanía automática para los hijos de indocumentados nacidos en Estados Unidos y le pidió al Congreso analizar este asunto.[15]

La mayoría de los hispanos no piensan como el congresista Smith. El 71 por ciento de los votantes latinos cree que los inmigrantes indocumentados "deben ser legalizados", de acuerdo con varias encuestas.[16] Por cierto, ese es un porcentaje muy parecido (67 por ciento) al del total de votantes norteamericanos.

Encuesta tras encuesta sugiere que los hispanos favorecen un alto a las redadas y la legalización para los indocumentados. Y en el 2008 los candidatos presidenciales de ambos partidos se dieron cuenta muy pronto de que si querían el voto hispano, tendrían que ceder en este punto.

Barack Obama me dijo en una entrevista en Denver, Colorado, el 28 de mayo de 2008 que como presidente revisaría toda la política migratoria, incluyendo las redadas y la construcción de un muro en la frontera con México. Y luego añadió que "no puedo garantizar que ocurra durante los primeros cien días de mi gobierno, pero lo que sí puedo garantizar es que tendremos en el primer año una propuesta migratoria que yo pueda apoyar fuertemente".[17]

La posición de John McCain era más dura. Él quería asegurar la frontera y luego que los gobernadores de los estados fronterizos con México certificaran que había un progreso significativo en la detención del paso de inmigrantes, para después considerar un programa para legalizar a los indocumentados.

"Así que podemos trabajar juntos, republicanos y demócratas, en este asunto, otorgando un camino a la ciudadanía, bajo el principio de que no se le adelanten a nadie que vino a este país legalmente o que ha esperado legalmente",[18] me dijo McCain en una entrevista el 7 de septiembre de 2008.

Con esas promesas de Obama y de McCain los hispanos habían logrado algo muy importante; que a cambio de su voto, millones de indocumentados podrían legalizar su situación.

De la misma manera en que la comunidad judía exigía a cualquier candidato el defender al estado de Israel, o como los cubanoamericanos obligaban a los políticos a tomar una postura de oposición a la dictadura castrista a cambio de su voto, así también los votantes hispanos en todo el país habían obtenido algo muy concreto.

Al final, cada voto hispano en el 2008 significó, también, que un indocumentado podría eventualmente salir de las sombras y la persecución.

Es decir, cada voto hispano valió por dos. Casi 10 millones de hispanos votaron y casi 10 millones de indocumentados podrían esperar una legalización.

Cada hispano que votó representó a un indocumentado que no votó.

El voto hispano en el 2008 no fue gratis. Se obtuvo algo muy importante a cambio: la promesa de hacer visibles a los invisibles.

Dos

UNA NACIÓN DE IGUALES

Si algo caracteriza a Estados Unidos es la promesa de que todos seremos tratados como iguales. Es una oportunidad incomparable. Única.

Es cierto que otros países nos pueden asegurar lo mismo. Pero lo increíble del experimento norteamericano es que esto ocurre en una de las naciones más diversas del planeta, en la tierra de todos.

La Oficina del Censo nos adelanta que en menos de tres décadas este será un país dominado por minorías. Muy pronto los blancos dejarán de ser la mayoría de la población ante el impresionante crecimiento demográfico de los hispanos y asiáticos. Estos dos grupos, junto a los afroamericanos y los indígenas o nativos, verán crecer sus números y su poder.

A pesar de las enormes diferencias de raza, origen étnico y religión que hay en la población norteamericana, todos podemos actuar con la convicción de que nadie es superior o inferior. No es que sea una sociedad sin prejuicios, pero está basada en una constitución que nos garantiza un trato justo y equitativo.

La Declaración de Independencia de 1776 establece que: "Creemos que estas verdades son evidentes, que todos los hombres son creados iguales, que su creador les otorgó ciertos derechos inalienables, y que entre ellos están el derecho a la vida, la libertad y la búsqueda de la felicidad".[1]

Esta frase es el mejor ejemplo del extraordinario poder de las ideas. La poderosísima idea de que "todos los hombres son creados iguales" sirvió de inspiración para sentar las bases de la actual superpotencia.

La fuerza de este concepto es tal que se repite en el Artículo 1 de la Declaración Universal de los Derechos Humanos aprobada en 1948: "Todos los seres humanos nacen libres e iguales en dignidad y derechos…"[2]

El joven viajero francés, Alexis de Tocqueville, cuando visitó Estados Unidos en 1831 también se dio cuenta de que lo que caracterizaba a esta naciente nación era su aparente equidad. "En Estados Unidos nada me llama la atención con más fuerza que la igualdad de condiciones entre la gente", escribió en su libro *Democracy in America*. "Mientras más adelanto en mi estudio de la sociedad norteamericana, más percibo que esta condición de igualdad es la característica principal de la cuál derivan todas las demás".[3]

Igualdad. Ahí radica la fuerza del experimento norteamericano. Y de la Declaración de Independencia surge la inspiración para terminar con la esclavitud décadas después.

Resulta irónico que Thomas Jefferson —quien incluyó en la Declaración de Independencia la frase de que "todos los hombres son creados iguales"— tuviera esclavos y procreara varios hijos con su esclava afroamericana Sally Hemings.

Abraham Lincoln, en su discurso en Peoria en octubre de 1854, retoma el concepto original de la Declaración de Independencia para exigir la liberación de los esclavos afroamericanos.

"Hace casi ochenta años comenzamos [esta nación] declarando que todos los hombres son creados iguales", declaró Lincoln, "pero ahora nos hemos degradado para llegar a otra declaración que dice que para algunas personas el esclavizar a otras es 'un derecho sagrado de autogobierno'... Nuestra manta republicana está sucia y llena de polvo. Volvamos a limpiarla. Readoptemos la Declaración de Independencia..."[4]

Estados Unidos tuvo que pasar por la guerra civil para terminar con la esclavitud y no sería hasta 1870 que los afroamericanos, liberados de la esclavitud, obtuvieron el derecho a votar. Sin embargo, realmente fue en 1965 que comenzaron a respetarse sus derechos y se quitaron las condiciones que impedían su plena participación electoral.

La elección de Barack Obama como presidente de Estados Unidos, el 4 de noviembre de 2008, significa un dramático cambio en un país que por casi 9 décadas aceptó la esclavitud y que, aún hoy, batalla en contra de casos de racismo.

Obama encarna el deseo del líder de los derechos civiles, Martin Luther King: "Yo tengo un sueño de que esta nación se va a levantar y vivir de acuerdo a este credo: 'Creemos que estas verdades son evidentes, que todos los hombres son creados iguales' ", dijo King en su famoso discurso del 29 de agosto de 1963. "Yo tengo un sueño de que mis cuatro hijos pequeños algún día vivirán en una nación donde no serán juzgados por el color de su piel sino por el contenido de su carácter".[5]

Hoy, más de 230 años después de la Declaración de Independencia y más de cuatro décadas después del discurso de King, volvemos a usar su concepto de que "todos los hombres [y mujeres] son creados iguales" para exigir un trato equitativo para todos los inmigrantes y la legalización de millones de indocumentados.

Es increíble que el país más poderoso del mundo tenga a millones de personas en condiciones que, en extremo, se asemejan a la esclavitud.

La grandeza de los países se mide no por la manera en que acomodan a los más ricos y poderosos, sino por la forma en que tratan a los más pobres y débiles. Y, sin la menor duda, los más vulnerables en Estados Unidos actualmente son los indocumentados.

El primer presidente, George Washington, lo dio a entender perfectamente cuando dijo que "América está abierta para recibir no sólo a los extranjeros opulentos y respetables, sino también a los oprimidos y perseguidos de todas las naciones y religiones; a ellos les debemos dar la bienvenida para que participen de todos nuestros derechos y privilegios..."[6]

Estados Unidos no sólo es una nación con inmigrantes sino que es una nación creada por innmigrantes. Todas las familias de los norteamericanos vinieron de otro lado. En nuestros ancestros hay, inevitablemente, al menos un inmigrante.

Hasta los indígenas o nativos norteamericanos tienen sus raíces en otro continente. Sin necesidad de llevar este argumento al extremo, basta decir que los primeros inmigrantes llegaron a Norteamérica a través del estrecho de Bering hace unos 30 mil años.

Las historia nos demuestra que, incluso, el origen de Estados Unidos no es anglosajón. Mucho antes de que se establecieran las primeras colonias inglesas en Jamestown (Virginia) en 1607 y en Plymouth (Massachusetts) en 1620, los españoles crearon el asentamiento de San Agustín en la Florida (1565) y hacia finales del siglo XVI en los territorios que ahora son Texas y Nuevo México.

En Estados Unidos nadie es de aquí. Todos somos de allá.

❋

Estados Unidos, sin la menor duda, tiene una historia de
ambivalencia con los inmigrantes. Por un lado es generosa
y abierta. Por el otro sufre de una tóxica combinación de
xenofobia y nativismo.

A veces domina la tradición inmigrante que forjó esta
nación. Otras, el temor infundado de los que vienen de
fuera y la irracional convicción de que haber llegado antes
te da derechos que no deben gozar los que arribaron después.

La realidad es que muchas familias de ciudadanos norteamericanos no podrían haber calificado para entrar a Estados Unidos con las actuales leyes migratorias.

Además, antes de que se aprobara la primera ley migratoria en 1882, no existían muchas barreras burocráticas
para entrar al país. Y hasta después de la Segunda Guerra
Mundial, a finales de los años 20, no había limitaciones nu-
méricas para inmigrar.[7]

Por otra parte, el rechazo a las nuevas olas de inmigrantes se repite constantemente en la historia norteamericana.

Los inmigrantes que ahora son rechazados en Estados
Unidos provienen, en su mayoría, de América Latina.
Pero no fueron los primeros.

En 1882 los chinos fueron excluídos (Chinese Exclusion
Act) y en 1921 (The Quota Law) las limitaciones numéri-
cas a inmigrantes de ciertos países —que correspondían a

sus porcentajes en la población— beneficiaron a europeos y perjudicaron a personas del resto del mundo.[8]

Sin embargo, más que las leyes, han sido las actitudes de rechazo con los recién llegados las que más han marcado la historia migratoria de Estados Unidos.

Benjamín Franklin ya se quejaba en su libro *Observaciones* en 1751 de la presencia de decenas de miles de alemanes en el noreste de Estados Unidos. "¿Por qué Pennsylvania, fundada por los ingleses, se debe convertir en una colonia de extranjeros, que pronto serán tantos que nos van a alemanizar en lugar de que nosotros los anglifiquemos, y que nunca van a adoptar nuestras costumbres y lenguaje, ni parecerse a nosotros?".[9]

La inteligencia, aparentemente, no es garantía de ausencia de prejuicios. Es interesante notar que hoy se sigue utilizando la misma palabra despectiva que escoge Franklin para referirse a los inmigrantes: *alien*. Y su mismo temor infundado de que Estados Unidos se fuera a "alemanizar" tiene su equivalente en nuestros tiempos frente a la "latinización" del país.

Tras la asimilación de los alemanes, dejando sin fundamento los temores de Franklin, fueron los irlandeses los rechazados. Por los problemas de la hambruna y la pobreza extrema, más de 4 millones de irlandeses llegaron a Estados Unidos en los cien años que precedieron a 1920.

Los letreros que había en algunas empresas, excluyendo

específicamente a los irlandeses en la búsqueda de empleos, denotaban el grado de rechazo a estos nuevos inmigrantes. *No Irish need to apply*, decían.

(Décadas después, cerca de 1930, el ilustre académico mexicoamericano, Julián Samora, recordaría que de niño había letreros similares en Colorado que prohibían la entrada a parques públicos a perros, indígenas y mexicanos.)

Y a los irlandeses siguieron las migraciones de suecos —casi 1 millón y medio llegaron entre 1840 y 1930—, daneses, noruegos y finlandeses.

Más de 4 millones de italianos arribaron a Estados Unidos desde 1880 a 1960. Y a ellos le siguieron polacos, griegos, checos, rusos y ciudadanos de otros países de Europa del este.

Finalmente, la nueva ley migratoria de 1965 cambia radicalmente el origen de los extranjeros que pueblan Estados Unidos. Es, quizás, la ley que más ha influído en el futuro demográfico de esta nación.

Al desechar los límites establecidos por país de origen y hacer un énfasis en la capacidad laboral de los nuevos inmigrantes y en la reunificación familiar, se transforma el perfil del recién llegado.

Antes de la aprobación de la nueva ley (Immigration Act of 1965) el 85 por ciento de la población era blanca y, en su mayoría, de origen europeo. Tras la puesta en práctica de estos cambios migratorios, el porcentaje de inmigrantes europeos se redujo al 16 por ciento en la década de 1990. Para entonces, más de la mitad de los recién llegados provenían de América Latina y casi una tercera parte de Asia.[10]

Es decir, una nación que era mayoritariamente blanca y europea —y con leyes migratorias que aseguraban un futuro blanco y europeo— se empezó a transformar en un país caracterizado por la diversidad racial y étnica. Y todo se lo debemos al ex presidente John F. Kennedy.

Kennedy no pudo firmar las nuevas leyes migratorias por las que tanto luchó. Fue asesinado en Dallas, Texas, el viernes 22 de noviembre de 1963. Sin embargo, sí logró sentar las bases de la actual transformación demográfica que vive Estados Unidos.

En 1958 Kennedy escribe el libro *Una nación de inmigrantes*. Para mí es una fecha muy significativa. ¿Quién me iba a decir que el mismo año de mi nacimiento en la ciudad de México, un senador de Massachusetts con aspiraciones presidenciales publicaría un libro que me abriría la puerta de los Estados Unidos décadas después?

En poco más de cincuenta páginas, Kennedy resume con brillantez la historia de la migración en Estados Unidos, y argumenta por una mayor apertura y trato equitativo a todos los inmigrantes.

"Este es el espíritu que tanto impresionó a Alexis de Tocqueville y que él llamó el espíritu de equidad", escribió Kennedy. "Significa que en una sociedad democrática no debe haber desigualdades en oportunidades y en libertades".[11]

La Constitución, en la visión de Kennedy, no establece un trato distinto para los que son inmigrantes. Todos deben ser tratados con los mismos derechos. Y la política migratoria del país debe reflejar, también, esos valores.

Escribe: "La política migratoria debe ser generosa; debe ser justa, debe ser flexible. Con esa política podemos ver al mundo y a nuestro pasado con las manos limpias y la conciencia tranquila".[12]

El hermano del ex presidente, Robert Kennedy, también tenía una idea muy clara de lo que quería ver en Estados Unidos. Poco antes de ser asesinado en 1968, en medio de su campaña por la presidencia, aspiró a ver "un gran país, un país que no sea egoísta, un país que tenga compasión".[13]

Los ocho tatarabuelos del ex presidente Kennedy, de su hermano Robert y del senador, Edward Kennedy, salieron de Irlanda y cruzaron el Océano Atlántico hace siglo y medio para llegar a Boston. No habría Kennedys en Estados Unidos sin inmigrantes. Y siguen defendiendo esa honorable tradición.

"No hay duda que el actual sistema migratorio tiene que reformarse para enfrentar los retos del siglo XXI", escribió el senador Edward Kennedy en el prólogo de la nueva edición del libro de su hermano y que coincidió con el 50 aniversario de su publicación original. "El asunto urgente que tenemos frente a nosotros es el futuro de Estados Unidos. Se trata de estar orgullosos de nuestro pasado inmigrante y de nuestro futuro inmigrante. Sabemos el alto precio de no hacer nada. Las redadas y las acciones de fuerza van a aumentar, aterrorizando a nuestras comunidades y negocios. Los 12 millones de indocumentados actualmente en nuestro país van a ser millones más".[14]

Estados Unidos está en una disyuntiva: apoya su tradición de grandeza y apertura legalizando y otorgando los mismos derechos a todos los que viven dentro de su territorio o se da una media vuelta en la historia, renuncia a su pasado y se condena al aislamiento, al prejuicio y al fracaso.

Estados Unidos tiene que escoger: o respeta y refuerza esa histórica costumbre de darle la bienvenida a los recién llegados o se cierra y orilla a millones a vivir en una especie de *apartheid*.

De la misma forma en que otros grupos han luchado por sus derechos en Estados Unidos —afroamericanos, mujeres, indígenas, homosexuales— ahora le corresponde a los inmigrantes reafirmar la creencia de que en este país todos somos iguales.

Se trata, en pocas palabras, de refrendar las palabras de la poetisa Emma Lazarus en la Estatua de la Libertad en Nueva York:

"Dame a tus cansados y a tus pobres,
A tus masas que deseen respirar libremente..."[15]

Estados Unidos es lo que es gracias a los inmigrantes. Y este no es momento para cambiar de rumbo.

Al comentar sobre el maltrato que recibió un extranjero
en una tienda, la presentadora de televisión y ejecutiva
Oprah Winfrey, hizo la siguiente pregunta: "¿Acaso nos
hemos convertido en un país en que sólo te tratan de una
forma justa si eres norteamericano?".[16] La respuesta está
pendiente.

El concepto de "Nosotros, el pueblo de Estados Unidos..." (*We the People of the United States...*)[17] de la constitución norteamericana es flexible, incluyente y garantiza
justicia, tranquilidad, protección, bienestar y libertad a
todos los que se encuentran en su territorio. La Constitución no dice que estos derechos son únicamente para aquellos que tengan pasaporte norteamericano o tarjeta de
residencia.

Estados Unidos se fundó bajo la idea de que todos serían tratados como iguales y su constitución garantiza esa
intención. Pero no cabe la menor duda que, actualmente,
los indocumentados no son tratados como iguales en este
país; sufren persecución, sus derechos son violados, no
tienen tranquilidad ni bienestar y su libertad está restrin-
gida.

Nos toca ahora a nosotros hacer las correcciones necesarias para que Estados Unidos vuelva a ser un país en que
todos los hombres y mujeres sean iguales, independientemente de su estatus migratorio.

Tres

DIEZ RAZONES

Hay por lo menos diez razones para legalizar a millones de indocumentados en Estados Unidos:

1. Porque lo dice la Declaración de Independencia.

2. Porque los inmigrantes hacen de Estados Unidos un país mejor.

3. Porque se necesitan más inmigrantes para reemplazar a la gente que se retira.

4. Porque el muro es una ilusión; no para el paso de indocumentados.

5. Porque es mejor que los estudiantes indocumentados puedan ir a la universidad.

6. Porque es un problema económico que requiere una solución económica.

7. Porque es la mejor forma de ayudar a América Latina.

8. Porque hace de Estados Unidos un país más seguro.

9. Porque lo prometieron Barack Obama y John McCain.

10. Porque esta es una nación de inmigrantes.

1. Porque lo dice la Declaración de Independencia.

"Todos los hombres son creados iguales", es una de las frases más contundentes de cualquier documento legal en el mundo. Es clara. Directa. No da lugar a malas interpretaciones.

La Declaración de Independencia de Estados Unidos, firmada el 4 de julio de 1776, no dice que a veces algunos hombres y mujeres son inferiores a otros. Tampoco dice que sólo fueron creados iguales los que tienen los documentos para probar que son ciudadanos o residentes norteamericanos. No. Dice que todas las personas —todas— son creadas iguales.

La Declaración de Independencia no hace distinciones entre ciudadanos e indocumentados. El propio ex presidente John F. Kennedy destaca en su libro *Una nación de inmigrantes* que de los cincuenta y seis signatarios de la Declaración de Independencia, ocho eran inmigrantes. Está claro, entonces, que en el espíritu de la declaración estaba el incluir a todos, inmigrantes y no inmigrantes.

De hecho, cosas que suponemos son típicamente norteamericanas, tienen su origen en inmigrantes. Kennedy

apunta que la frase que se le atribuye a Thomas Jefferson
(de que todos los hombres somos creados iguales) fue escrita antes por el italiano Philip Mazzei en su historia de las
colonias norteamericanas. Jefferson y Mazzei eran amigos. Y hasta el mismo nombre de Estados Unidos de América —The United States of America— es en parte una
copia de otra nación que lo usó con anterioridad: Estados
Unidos de los Países Bajos —The United States of Nether-
lands.

El origen de este país establecía inequívocamente una
vocación de igualdad. No importaba de donde venías. Lo
verdaderamente relevante era la decisión de hacer de Estados Unidos tu país de residencia permanente.

Estados Unidos fue creado por personas que venían hu-
yendo de persecuciones políticas y religiosas y que busca-
ban mejores oportunidades económicas. Eso no ha
cambiado en casi dos siglos y medio de historia. Y no tiene
por qué cambiar ahora.

*2. Porque los inmigrantes, legales e indocumentados,
hacen de Estados Unidos un país mejor.*

Los inmigrantes indocumentados no son ni criminales ni
terroristas; dan más beneficios a Estados Unidos que los
servicios que reciben; pagan impuestos; crean trabajos;
toman los empleos que los norteamericanos no desean;
mantienen baja la inflación; reemplazan a los trabajadores

que se retiran; pagan por el seguro social y muchas veces no se benefician de ese fondo de retiro gubernamental; cosechan nuestros alimentos y construyen nuestras casas; es cierto que rompieron la ley pero igual lo hicieron millones de norteamericanos y miles de empresas que los contratan; pueden ser los mejores aliados en la lucha contra los terroristas; tienen más fe en las oportunidades que ofrece Estados Unidos que muchos norteamericanos; refuerzan los valores familiares; creen en la educación para progresar; rejuvenecen a la población del país; le regalan a Estados Unidos un nuevo idioma (el español); aprenden inglés rápidamente; son un puente con América Latina; su sola presencia promueve la tolerancia y la diversidad; estarían dispuestos a morir por este país (véase a los inmigrantes que luchan en Iraq y Afganistán); y, en general, hacen de Estados Unidos un país mejor.

Ese es el mensaje: los indocumentados benefician a Estados Unidos y, por eso, hay que ayudarlos. (Incluyo aquí una comparación muy clara e instructiva que publicó la organización National Immigration Forum en la que desmitifica muchas concepciones equivocadas respecto a los inmigrantes indocumentados y las contrapone a la realidad[1].)

Es cierto, hay muchísimos estudios que analizan las aportaciones y los costos de los inmigrantes, legales e indocumentados, en Estados Unidos. De hecho, varios grupos respaldan sus argumentos, a favor o en contra de los indocumentados, basados en estos estudios.

Pero el estudio más completo que se ha hecho en este país sobre lo que toman y aportan los inmigrantes fué hecho por el Consejo Nacional de Investigación (que depende de la Academia Nacional de Ciencias). El estudio fue dado a conocer el 17 de mayo de 1997. Y la conclusión es que los inmigrantes, independientemente de su estatus migratorio, aportan mucho más de lo que toman. "Los inmigrantes pueden estar aportando hasta 10 mil millones de dólares cada año a la economía", dijo el economista James P. Smith, de la Rand Corporation, y quien estuvo al frente del estudio. "La gran mayoría de los norteamericanos están disfrutando una economía más saludable como resultado del incremento de la mano de obra y de los precios más bajos, productos de la inmigración".[2]

Desde luego que cuesta, y mucho, la educación, salud y servicios sociales para los indocumentados. Pero esto es un asunto de sumas y restas. De la misma forma en que se gastan miles de millones en ellos, así también aportan a la economía pagando impuestos, seguro social y creando oportunidades de empleo.

La legalización de unos 10 millones de inmigrantes traería enormes beneficios a la economía de Estados Unidos, tal como ocurrió luego de la reforma migratoria de 1986. El profesor Raúl Hinojosa-Ojeda, de UCLA, concluyó en un estudio para el Instituto William C. Velásquez que una nueva legalización generaría entre 4,5 y 5,4 mil millones de dólares en ingresos por impuestos y la creación de entre 750 mil y 900 mil empleos (según reportó America's Voice).

Sé perfectamente que una de las principales críticas a la legalización de indocumentados es, por ejemplo, el argumento de que le cuestan mucho al sistema de salud pública de Estados Unidos. Pero incluso en esas críticas hay más pasión antiinmigrante que datos.

Veamos el caso del estado de California, donde vive la mayoría de los indocumentados. No es cierto que los indocumentados son un peso mayor para el sistema de salud pública que los ciudadanos norteamericanos.

Un estudio de la Escuela de Salud Pública de la Universidad de California concluyó que los indocumentados mexicanos visitan menos al doctor cada año que la gente nacida en Estados Unidos de inmigrantes mexicanos.[3]

"Los bajos niveles de uso de servicios médicos por parte de inmigrantes mexicanos no la preocupación de que los inmigrantes abusan del sistema de salud pública", escribieron los investigadores del estudio. "Los indocumentados usan menos el sistema de salud pública que los ciudadanos nacidos en Estados Unidos".[4]

✦

Es frecuente escuchar que los inmigrantes son culpables del aumento de la criminalidad en Estados Unidos. O que los inmigrantes son criminales peligrosos. Pero eso es un mito. De hecho, donde hay más inmigrantes hay menos crimen.

¿Por qué? Los inmigrantes, sobre todo los indocumentados, tienden a evitar cualquier tipo de problema legal o con la policía para no afectar su presencia en Estados Unidos. Incluso prefieren, muchas veces, no denunciar crímenes o abusos en su contra para no llamar la atención de las autoridades.

La organización Immigration Policy Center (IPC) publicó un reporte (llamado De la anécdota a la evidencia: Diciendo la verdad respecto a los inmigrantes y el crimen)[5] en el que presenta datos y estudios concretos refutando el argumento de que los inmigrantes generan más crímenes.

Una de sus conclusiones, basada en datos del Departamento de Justicia, es que los crímenes en Estados Unidos se redujeron durante el mismo tiempo en que la población de indocumentados se duplicó. De 1994 al 2004 se dobló el número de indocumentados hasta llegar a los 12 millones, sin embargo, los crímenes violentos en Estados Unidos se redujeron en un 35 por ciento y los robos a propiedades en un 25 por ciento.[6]

Hay más. El reporte del IPC incluye los datos de un estudio del Americas Majority Foundation, una organización conservadora, que asegura que los niveles de criminalidad son más bajos en los estados con mayor crecimiento de inmigrantes. De 1999 al 2006 los niveles de criminalidad bajaron un 13 por ciento en los diecinueve estados con mayor número de inmigrantes, frente al 7 por ciento en los otros treinta y un estados.[7]

La conclusión de estos dos estudios es contundente: mientras más inmigrantes menos crímenes. Desde luego que los inmigrantes que cometan crímenes deben ser deportados o sufrir sus condenas en una cárcel, pero la gran mayoría de los inmigrantes no son criminales ni terroristas.

3. Porque se necesitan más inmigrantes para reemplazar a los norteamericanos que se están retirando.

En los próximos años, millones de norteamericanos (de la generación de los *baby boomers*, nacidos tras la Segunda Guerra Mundial, entre 1946 y 1964) se van a retirar. ¿Y quiénes van a hacer los trabajos que ellos realizaban? Inmigrantes, en muchos casos.

El Pew Hispanic Center calcula que "entre el año 2000 y el 2025, la población de trabajadores blancos se va a reducir en 5 millones de trabajadores, debido al retiro de los *baby boomers* de la fuerza laboral. Y de acuerdo con la Oficina del Censo, el número de trabajadores latinos va a aumentar (en ese mismo período) en 18 millones de personas".[8]

La población nortemericana está envejeciendo y van a ser los inmigrantes latinos los que van a reemplazar y quienes van a pagar por su seguro social. Sin la energía y mano de obra de los inmigrantes, Estados Unidos no podría seguir creciendo.

Actualmente hay sólo 38 millones de personas mayores de sesenta y cinco años de edad en todo el país. Pero para el año 2050 serán 88 millones.[9] ¿Quién los va a mantener? ¿Quién va a pagar por su retiro? ¿Quiénes van a hacer los trabajos que ellos dejaron de hacer? ¿De quién va a depender el progreso económico del país? De los inmigrantes.

Alan Greenspan, quien fuera el presidente de la Reserva Federal, coincide con esta opinión. "El envejecimiento de la población va a traer muchos cambios a nuestra economía", dijo ante un panel del Senado. "La inmigración, si decidimos expandirla, puede ser un potente antídoto frente al descenso del crecimiento entre la población que trabaja... La inmigración responde cuando hay falta de trabajadores".[10]

La realidad es que la economía de Estados Unidos dependerá cada vez más del trabajo de los inmigrantes. Los inmigrantes, a principios de este siglo y de acuerdo con el Urban Institute, eran el 34 por ciento de la fuerza laboral en trabajos de limpieza, el 23 por ciento de la agricultura y pesca, el 21 por ciento de la manufactura y el 18 por ciento en la industria del servicio.[11] Y estos porcentajes sólo han ido creciendo.

A pesar de la entrada de inmigrantes, Estados Unidos

se está enfrentando a un serio reto para obtener trabajadores de todo tipo. Sé que en esta época de crisis muchos dirán que Estados Unidos no necesita más inmigrantes. Que primero hay que conseguirle trabajo a los desempleados. Pero la migración no es como una llave de agua que se abre y cierra a discreción. Además, es muy importante que no se pierdan de vista los objetivos económicos del país a largo plazo.

El porcentaje de personas en edad de trabajar —de los dieciocho a los sesenta y cuatro años de edad— va a caer de un 63 por ciento en la actualidad a un 57 por ciento en el 2050. Es decir, los trabajadores en Estados Unidos estarán obligados a tener un mayor rendimiento. Habrá menos gente para hacer más cosas. Reducir la inmigración sería la decisión equivocada.

Estados Unidos necesita muchos más inmigrantes, no menos.

Si la población económicamente activa se está reduciendo y cada vez hay más norteamericanos retirándose ¿quién va a pagar los impuestos para que el gobierno y los servicios que provee sigan funcionando? Los inmigrantes.

Ben Bernanke, quien fuera el presidente de la Reserva Federal durante el gobierno de George W. Bush, estaba muy consciente de las contribuciones de los inmigrantes para el crecimiento económico del país.

"Al incrementar los niveles migratorios podríamos au-

mentar el crecimiento, ya que crece también la fuerza laboral", dijo Bernanke en un testimonio ante el comité
presupuestario de la Cámara de Representantes. "Sin embargo, los economistas que han estudiado esto han encon-
trado que incluso si dobláramos la entrada de inmigrantes,
de un millón a dos millones de inmigrantes por año, esto
no reduciría significativamente el desbalance fiscal del gobierno federal".[12]

Incluso 2 millones de inmigrantes por año no son suficientes. Se necesitan más.

Es necesario un incremento de inmigrantes a Estados
Unidos para reemplazar a los trabajadores que se retiran,
para pagar por sus retiros —Social Security— y por su
seguro médico —Medicare—, y para que el gobierno re-
ciba más impuestos de nuevos trabajadores.

De no ser así, el panorama económico de Estados Unidos sería muy incierto.

¿Cuántos inmigrantes deben entrar anualmente a Estados Unidos? Es difícil establecer una cifra exacta, pero sí
podemos decir que más de los que actualmente están entrando, no menos.

En el 2007, según cifras del Departamento de Seguridad Interna, 1.052.415 inmigrantes se convirtieron en residentes permanentes de Estados Unidos.[13] Y si a eso le
sumamos los 425 mil que en promedio entraron ilegalmente ese año, según cálculos basados en las cifras del
Pew Hispanic Center, entonces tenemos que en en ese año

1.477.415 extranjeros se sumaron a la población de Estados Unidos.

Hay que aclarar que estas cifras no son exactas debido a que el cálculo sobre el número de indocumentados es siempre impreciso y a que la mayoría (59 por ciento) de los que se convirtieron en residentes legales ya estaban en Estados Unidos. Pero, al menos, esas cifras nos dan una idea de cuántos inmigrantes se suman oficialmente a la población permanente de Estados Unidos y nos permiten reflexionar sobre la pregunta ¿cuántos inmigrantes debería recibir Estados Unidos, cada año, para garantizar su crecimiento económico y sus responsabilidades económicas y fiscales?

Ni siquiera 2 millones por año serían suficientes, según las propias declaraciones de Ben Bernanke. Así que cualquier cálculo debe ir por arriba de esa cifra.

Esto es muy importante para determinar el número de inmigrantes que aceptará Estados Unidos después de la aprobación de la reforma migratoria.

No basta con legalizar a los que ya están aquí. Es urgente, también, establecer cifras muy realistas de cuántos trabajadores extranjeros necesita cada año el país. Los números actuales son aún bajos y no responden a las necesidades futuras de Estados Unidos.

4. Porque el muro es una ilusión; no detiene la
migración indocumentada.

El escritor mexicano, Carlos Fuentes, dice que la frontera
entre México y Estados Unidos es una "cicatriz". Esto su-
pone, desde luego, que la frontera es producto de una he-
rida. Ahí, en la frontera, chocan siglos de una historia, a
veces, muy aguerrida. Y ahí chocan también una superpotencia con un país que no lo es.

En dos o tres décadas podemos calcular que Estados
Unidos seguirá siendo una superpotencia —aunque fuertemente retada por países como China e India— y que
México no lo será. Por eso continuará el flujo de inmigrantes hacia el Norte; del país más pobre al más rico.

La pregunta es ¿cómo detener o controlar el paso de
indocumentados? La respuesta es compleja pero, definitivamente, no con un muro. El muro da una falsa ilusión de
seguridad y control.

Para controlar el flujo de indocumentados se necesita,
antes que nada, la cooperación de ambos países, una política migratoria realista en Estados Unidos, un sistema que
absorba legalmente a las recién llegados y un programa de
inversión a largo plazo para tratar de mantener en México
a los mexicanos con buenos salarios.

Un muro no es la solución.

No importa qué tan largo y alto sea el muro, los indocu-

mentados —en busca de una vida mejor— lo seguirán
violando.

Un muro muy alto no sirve. No importa qué tan alto sea
el muro porque "seis de cada 10" indocumentados entran
a Estados Unidos por avión. Llegan con visas de turista,
de negocios o de estudiante y, al vencer el término de la
visa, se quedan ilegalmente en Estados Unidos.[14]

Un muro muy largo y ancho tampoco sirve. Vamos a
suponer, como ejercicio mental, que Estados Unidos pudiera cerrar con su ejército y con nuevos muros las 1.952
millas que lo separan de México. Entonces ¿qué piensa
hacer con sus 12.383 millas de costas? Entraríamos, estoy
seguro, en la época de los balseros mexicanos —a la cubana— y los "coyotes" o traficantes de indocumentados
serían llamados "tiburones".

Pero este tipo de argumentos no tuvo mucho peso
cuando el viernes 29 de septiembre del 2006 el Senado de
Estados Unidos autorizó la construcción de un muro de
casi 700 millas en la frontera con México. Ni siquiera hubo
fuerte oposición. Ochenta senadores votaron a favor (incluyendo a Barack Obama y John McCain) y sólo diecinueve se opusieron.

El cambio de estrategia era clarísimo. Atrás quedaba la
intención de lograr una verdadera reforma migratoria.
Ahora era una política de fuerza, de redadas y muros.

De 1993 al 2003 sólo se construyeron 10 millas de muro

entre México y Estados Unidos.[15] Y en el 2006 se pretendía construir casi 700 millas de muro en menos de dos años.

El costo total del muro sería de 6 mil millones de dólares. Es decir, cada milla costaría unos 8 millones y medio de dólares. Pero como el congreso no tenía tanto dinero, sólo autorizó 1,2 mil millones de dólares para empezar.[16]

La construcción de un nuevo muro, desde el principio, generó mucha controversia. Aquí hay dos comentarios del periódico *The Washington Post* que reflejan ese conflicto.

"Fortificar nuestras fronteras es un componente esencial de nuestra seguridad nacional. No podemos darnos el lujo de esperar",[17] dijo el líder de la mayoría en el Senado, el republicano Bill Frist. Pero Kevin Appleby, encargado de la política migratoria de la Conferencia de Obispos Católicos pensó algo muy distinto. "[La construcción del muro] no es una señal de fuerza, sino una señal de debilidad y miedo. Sinceramente, hablando como un norteamericano, es un vergüenza".[18]

Poco después de que la propuesta de ley fuera aprobada por el Senado, el ex presidente Bush la firmó.

¿Qué le pasó al ex gobernador de Texas que tan bien decía entender a los inmigrantes? ¿Qué le pasó al candidato presidencial que enamoró el voto de los hispanos en el 2000 y el 2004? ¿Qué le pasó al presidente que alguna vez consideró a México como el mejor amigo de Estados Unidos?

El 15 de agosto del 2001, en un discurso ante la Cámara de Comercio Hispana en Albuquerque, Nuevo México, Bush dijo que "México es un amigo de Estados Unidos, Mexico es nuestro vecino… y por eso es tan importante para nosotros el destruir las barreras y los muros que pudieran separar a México de Estados Unidos".[19]

Bueno, ese mismo presidente que quería destruir "las barreras y los muros" en la frontera con México, los mandó a construir.

✦

Hay regalos que no son bienvenidos. Incomodan y, lejos de agradar a quienes los reciben, son una imposición. Este es el caso del muro en la frontera con México.

El gobierno del ex presidente George Bush y el Congreso le regalaron un carísimo muro a varias ciudades fronterizas con México. Pero el problema era que muchas ciudades no querían aceptar ese regalo.

Hablé sobre esto con los alcaldes de Eagle Pass y Del Río, ambas ciudades en el estado de Texas y fronterizas con México, antes de la construcción del muro.

"La forma de proteger la frontera no es con un muro", me dijo Efraín Valdez, el alcalde de Del Río. El indocumentado "se va a tardar tres minutos más para cruzar, pero de todas formas va a cruzar".[20]

Tres minutos de retraso. Eso es todo. Pero de todas ma-

neras los indocumentados van a seguir cruzando. Con tú-
neles, con escaleras, escondidos en vehículos, nadando y
saltando.

"El muro va a dar una imagen falsa de seguridad", me
comentó en una entrevista Chad Foster, el alcalde de Eagle
Pass. "¿Para qué construir un muro si ya tenemos una división natural que es el río Bravo?", se pregunta Foster.[21]

Efectivamente el río Bravo o río Grande, como se le
dice en Estados Unidos, delimita desde 1848 las 1.254 millas de frontera entre México y el estado norteamericano
de Texas. Además, aseguró el alcalde Foster, ya hay sen-
sores y agentes de la Oficina del Sheriff, de aduanas de la
Guardia Nacional y del Servicio de Inmigración patru-
llando la frontera. "Pedimos asegurar la frontera de Texas
con más tecnología",[22] no con un muro, me comentó
Foster.

Cuidado. No es que los alcaldes Valdez y Foster, junto
con muchos más en Texas, quieran una frontera abierta
con México. No. Pero tampoco creen que el muro iba a
funcionar para detener el flujo de indocumentados.

El muro es una medida de fuerza ante un problema económico. Mientras haya gente con hambre y sin empleo en
América Latina y comida y trabajo y educación y oportunidades para ellos en Estados Unidos, van a seguir jugán-
dosela y cruzando ilegalmente.

Además de que el muro no sirve para detener a los indocumentados, sino sólo para retrasarlos o desviarlos a otras

rutas más peligrosas, hay otro asunto importante: el agua.

"Eso nos preocupa", me dijo el alcalde Valdez "porque el muro nos va a quitar el uso del río Grande; nos va a quitar el agua".[23] El 95 por ciento de los terrenos en Texas que colindan con México son propiedad privada. Esos rancheros dependen del río para irrigar sus cosechas y para dar agua a sus animales.

Un muro en la frontera entre México y Texas afecta el comercio, el medio ambiente, la distribución del agua del río Bravo/Grande, la frontera física entre ambos países y, lo más irónico, no cumple con su cometido de evitar el paso de indocumentados.

Sólo los va a retrasar tres minutos. Tres.

✦

Al término de la presidencia de George W. Bush había aumentado a 18 mil el número de guardias de la Patrulla Fronteriza[24] —curiosamente, el 52 por ciento de todos los agentes fronterizos son de origen hispano[25]— y se habían construído 500 millas de muro. (No hubo dinero para las 200 millas que faltaban.)

Pero los inmigrantes seguían cruzando. Y muriendo.

En el 2006, el año en que se aprobó la construcción del muro, murieron 432 inmigrantes en la frontera con México. En el 2007, cuando se empezó a construir el muro, murieron 398 indocumentados. Y en el año fiscal 2008, ya con 500 millas de muro construídas, todavía se registraron 386 muertes en la frontera.[26]

Conclusión: el nuevo muro no detuvo el paso de indocumentados —cruzaron y se quedaron 425 mil en promedio cada año— ni se redujo significativamente el número de muertes en la frontera.

Al ver el nuevo muro, los indocumentados tratan de cruzar por los lugares donde todavía no se ha construído. Así de simple. Y así de peligroso.

El muro, lejos de asegurar la vida del indocumentado, la expone. Ellos y sus guías toman rutas cada vez más peligrosas, lejos de las ciudades, exponiéndose a deshidratación, falta de comida y temperaturas extremas.

Además, el muro ha hecho indispensables a los "coyotes" o guías de indocumentados. Son pocos los indocumentados que se atreven a cruzar solos. Y los precios que cobran los "coyotes" por la cruzada han ido aumentando de forma exponencial.

El nuevo muro es un gran negocio para los "coyotes". Lo menos que cobran en estos días son 2 mil dólares por cruzar a un indocumentado desde México. Y si hay que traerlos desde Centroamérica o Sudamérica estamos hablando de 5 mil dólares o más por persona.

Con muro o sin muro, los indocumentados siguen cruzando y muriendo.

O como dijo el gobernador de Nuevo México, Bill Richardson, durante un debate presidencial: "Creo que si construyes un muro de 12 pies de altura, vamos a ver muchas escaleras de 13 pies de altura".[27]

El muro es una ilusión.

5. Porque es preferible que los estudiantes indocumentados sigan estudiando.

El acto de crueldad más grande que se le puede hacer a un estudiante en Estados Unidos es permitirle que asista gratuitamente a la escuela primaria, secundaria y preparatoria y, luego, prohibirle que asista a la universidad si es un indocumentado.

Cada año, aproximadamente, 65 mil estudiantes indocumentados terminan *high school* y no pueden continuar sus estudios en la universidad.[28] Esto es una verdadera tragedia.

Me ha tocado conocer a muchos estudiantes que llegaron siendo niños a Estados Unidos, traídos por sus padres, y que se encuentran en un callejón sin salida al terminar la preparatoria. Como Marie, a quien entrevisté para un programa de televisión. Sus padres, ambos indocumentados, la trajeron a Estados Unidos de Costa Rica cuando ella apenas tenía cinco años de edad. Estudiaba en un colegio comunitario de Missouri hasta que un día amenazaron con deportarla.

"Quiero que me den la oportunidad de, algún día, ser

americana y continuar mis estudios en una escuela de leyes", me comentó. "Para mí mi casa es Estados Unidos y va a seguir siendo mi casa aunque me tenga que ir".

Ernesto, un joven indocumentado mexicano que vive en California, tiene una historia similar.

"Yo tenía ocho años cuando me trajeron desde México", me contó. "Vinimos mi mamá y mis dos hermanos para reencontrarnos con mis hermanas que estaban viviendo en Long Beach".

Lejos de ser una carga, Ernesto está convencido de que jóvenes como él —que terminaron *high school*, que quieren seguir estudiando en la universidad y progresando a pesar de su estatus migratorio— son un gran beneficio para este país. "Yo diría que Estados Unidos, California y todos los estados se están beneficiando de nuestro buen trabajo, de nuestro talento".

Estos jóvenes no pueden estudiar en las universidades estatales (a menos que paguen los altísimos costos que pagan los estudiantes extranjeros), no pueden trabajar legalmente en Estados Unidos y tampoco quieren regresar al país donde nacieron porque no lo conocen y, en algunos casos, ni siquiera saben bien el español.

No hay, actualmente, ningún mecanismo que le permita a estos jóvenes legalizar su situación migratoria en Estados Unidos. Y no es su culpa. Alguien tomó una decisión por ellos. Alguien los trajo aquí. No fueron ellos los responsables de haber roto las leyes migratorias. Sin embargo, cargan con todas las sanciones y consecuencias de los actos de sus padres.

En la última década han existido varias propuestas en el Congreso norteamericano para ayudar a estos jóvenes. Pero todas han fracasado.

La primera vez que se discutió este asunto en ambas cámaras fue en el 2001. Pero entonces no era conocido como el DREAM Act (The Development, Relief and Education for Alien Minors Act).

Aunque no todas las propuestas de ley han incluído los mismos elementos, el llamado DREAM Act le permitiría obtener la residencia temporal (por seis años) a todos aquellos estudiantes que llegaron a Estados Unidos antes de cumplir dieciséis años, que lleven al menos cinco años viviendo en el país y que terminen dos años en un colegio comunitario, dos años de universidad o que se enlisten en las fuerzas armadas de Estados Unidos por dos años.

Una vez cumplidos estos requisitos —antes de tener treinta años de edad y tras demostrar una buena conducta en el país (*good moral character*)— el estudiante podría solicitar su residencia permanente en Estados Unidos y, eventualmente, la ciudadanía. Sería, sin duda, un premio por su esfuerzo y dedicación.

La última vez que el Senado debatió esta propuesta de ley fue en el 2007. Pero el 24 de octubre de ese año apenas se obtuvieron cincuenta y dos de los sesenta votos necesarios para su aprobación. Quienes se opusieron a la medida argumentaron que el DREAM Act promovía la inmigración indocumentada y que le daba una ventaja a estudiantes indocumentados en las universidades estatales respecto a estudiantes norteamericanos que venían de otros estados.

La realidad es que el DREAM Act eliminaría las prohibiciones que la mayoría de las universidades públicas han impuesto para evitar que los estudiantes indocumentados paguen lo mismo que cualquier otro residente en el estado. Es decir, de lo que se trata simplemente es de que los estudiantes indocumentados tengan las mismas oportunidades que otros jóvenes de su misma edad y del mismo lugar donde crecieron.

Nada más. Nada menos.

Al final de cuentas es preferible que un estudiante continúe con sus estudios universitarios a que se incopore a una pandilla o a que sea condenado a un empleo, ilegal y mal pagado, por debajo de sus capacidades intelectuales.

Es preferible que los estudiantes sigan estudiando.

No hay nada más triste que un joven desperdiciado. Y no hay que olvidar que estos 65 mil estudiantes que pierden la oportunidad de seguir una educación universitaria cada año no tuvieron nada que ver con su actual situación migratoria. Ellos quieren cambiar su destino pero, por ahora, está fuera de su control.

De todas las injusticias que se cometen con los indocumentados en Estados Unidos esta —la de los estudiantes indocumentados— sería la más fácil y menos controversial de resolver.

Pero la pregunta es ¿por qué no se ha hecho nada al respecto?

La tradicional generosidad de Estados Unidos se puede y se debe demostrar primero con los inmigrantes más pequeños y vulnerables, con los que no son culpables en lo más mínimo de su actual situación.

Estados Unidos podría deportar a Marie y a Ernesto a Costa Rica y México respectivamente, pero, para ellos, los países donde nacieron son muy ajenos a su actual realidad. Y quien finalmente saldría perdiendo sería Estados Unidos.

6. Porque un problema económico requiere una solución económica.

La migración es un problema económico y, por lo tanto, requiere una solución económica. No de fuerza.

El fenómeno de la migración hacia el Norte es una simple cuestión económica. La gente se va de los lugares donde no hay trabajos y oportunidades y llega a los lugares donde sí hay trabajos y oportunidades.

Es una cuestión de oferta y demanda. Mientras haya trabajadores en México y en América Latina ganando 5 dólares al día y empleos para ellos en Estados Unidos en

que puedan ganar esa misma cantidad en sólo treinta minutos o una hora, va a seguir existiendo migración del Sur
hacia el Norte. Eso no lo podemos cambiar.

Pero sí podemos hacer dos cosas. A corto plazo, podemos cambiar la manera en que esos inmigrantes entran a
Estados Unidos. No tienen que entrar de manera ilegal si
se crea un sistema realista que los integre y proteja al llegar
a Estados Unidos.

Y a largo plazo, lo que se necesita es un gigantesco pro-
grama de inversión y de creación de empleos en América
Latina para evitar que esos trabajadores vean a Estados
Unidos como su única opción de sobrevivencia.

Emigrar es, ante todo, un acto de enorme valor. Se necesita mucha entereza y valentía para dejar tu casa, tu familia y tus amigos para arriesgarte a la aventura en un país
desconocido.

Pocos son los que se convierten en inmigrantes voluntariamente; la mayoría lo hacen por necesidad. Y el sacri-
ficio es mayúsculo.

⋆

Las calles de Nueva York y Chicago son un infierno en
invierno. El frío pela la piel. Por más que se lleve camiseta,
camisa, suéter, abrigo, bufanda, botas, gorra y guantes, el
viento helado quema la nariz, congela la quijada y pica los

ojos. Todo pensamiento cesa para hacerle caso a la única orden de sobrevivencia que nos manda el cerebro: cúbrete, busca un lugar caliente.

Y, sin embargo, esas calles están llenas de esos inmigrantes que vinieron de lugares más cálidos, de esos que quedan mucho más cerca de la mitad del mundo que del polo norte.

Ahí está el chofer de República Dominicana, el albañil de México, el mensajero de Ecuador, la peruana que cuida del estacionamiento, la colombiana que vende *hot dogs* o sombrillas sobre una banqueta.

Todos medio escondidos en sus ropas y en sus líos migratorios. Todos extrañando al papá, a la novia, a la casa, a la playita, al monte, a la esquina que dejaron atrás. Todos muriéndose de frío.

Entonces, ¿qué hacen aquí? ¿Por qué no se regresan a sus países de origen?

Primero, lo obvio. El billete.

Aquí hay trabajo y allá no.

Lo que ganan aquí en una hora, lo ganan allá en un día. Y el que mantiene una familia aquí, también mantiene una o dos familias más allá. Por eso —sólo por eso— vale la pena la cruzada, la soledad, el frío y el calor agobiante del verano.

En Estados Unidos hay una relación muy estrecha entre esfuerzo y resultados. Al que trabaja mucho, generalmente le va bien. Y no es que tenga una visión muy optimista de la sociedad norteamericana. Es una realidad. Yo he visto en Estados Unidos a campesinos latinoamericanos comprarse una casa propia, y a tortilleros y recogedores de basura convertidos en millonarios.

En Estados Unidos, a pesar de sus guerras y fantasmas políticos y crisis económicas, te puedes reinventar.

Aquí conozco a mucha más gente con éxito que gente que fracasa. Es el éxito en su más simple definición: un lugar seguro donde vivir, un trabajo decente, escuela para los niños y cuidado médico. Los que llegan a Nueva York, por ejemplo, lo han hecho su hogar, con sus olores y sabores: Puebla York, Santo York, Quito York, Tocho York.

En cambio, conozco a gente que trabaja mucho más de ocho horas diarias en San Salvador, Guatemala, Oaxaca y Medellín y que morirá irremediablemente pobre. Allá está fracturada la relación entre esfuerzo y resultados.

Sólo imagínense cómo ve el futuro un joven chiapaneco o jarocho que acaba de salir de la preparatoria o la universidad y se da cuenta de que el gobierno mexicano no puede crear 1,3 millones de empleos anuales para emplearlo a él y a sus compañeros de clase.

América Latina es la región más desigual del mundo.

Una pésima distribución del ingreso le da al 10 por ciento más rico casi la mitad de todas las ganancias económicas. Por eso Latinoamérica camina simultáneamente por dos caminos: creando a los ricos más ricos y multiplicando a los pobres.

América Latina sigue siendo la tierra de los monopolios y oligopolios, de los pocos que se reparten el pastel entre sí. Y mientras la fiesta no se abra para todos, la gente se seguirá yendo al Norte. El principal producto de exportación de América Latina son sus mejores trabajadores. Por eso los contratan en Estados Unidos.

Para un muchacho latinoamericano es frustrante saber que en su país de origen todavía hay barreras de clase y de raza que ni la mejor educación pueden romper. Allá no hay Obamas. En México hubo un Benito Juárez, pero hace mucho que eso no se repite.

¿Regresar a eso? Por supuesto que no. Conozco a muy pocos que regresan.

Bueno, ni siquiera los cubanos del exilio regresarán en masa a Cuba con la muerte o pérdida del poder de los hermanos Fidel y Raúl Castro.

Se vive mejor en Nueva Jersey, Orlando y Miami que en La Habana, Santiago y Holguín. Regresarán, sí, para visitar, turistear y hasta para invertir en un condominio en Varadero o frente al Malecón. Pero no a vivir.

El escritor y columnista cubano, Carlos Alberto Montaner, me dijo hace varios años que él no creía que más del 5 por ciento de los cubanos del exilio regresaría a una Cuba democrática. Y hasta donde yo sé, no ha corregido su pronóstico.

El proceso sería, más bien, al revés.

La gente naturalmente prefiere vivir en una sociedad ya construida que en una que se está construyendo. La idea se la escuché al profesor de la Universidad de Miami, Jaime Suchlicki, que hace poco nos hablaba de la posibilidad de una salida masiva de cubanos de la isla tras la tan anunciada pero nunca confirmada muerte del dictador.

¿Quién quiere esperar cinco o diez años al fin de los apagones, a la libertad de prensa y a la llegada de supermercados para todos?

Los inmigrantes latinoamericanos que trabajan en las calles de Nueva York, Chicago, Los Ángeles, Houston y Charlotte tampoco estaban dispuestos a esperar más.

No le creyeron a los políticos que prometieron un gobierno sin corrupción y amiguismos. No tuvieron la paciencia de esperar mejores maestros en las escuelas públicas. No se arriesgaron a que un hijo fuera secuestrado por un narco o a que les robaran el cheque quincenal a punta de pistola frente a una patrulla. No se tragaron lo que decía la tele. No se quedaron a esperar el aumento que nunca llegó, al empleo que ya no se dio. Apostaron por el presente, no por el futuro.

Por eso se fueron y por eso no van a regresar. Aunque se mueran de frío o de calor en las calles de Estados Unidos.

Lo sé. Yo vine sólo por un año y ya llevo veinticinco.

✦

La opción de deportar a todos los indocumentados es imposible. No me puedo ni imaginar los videos en televisión de agentes federales arrestando en Los Ángeles, Chicago y Houston a familias con niños en los brazos, sacándolos por la fuerza de su casa y poniéndolos en cárceles o centros de detención antes de ser deportados. La imagen de Estados Unidos se dañaría irremediablemente en todo el mundo y la posibilidad de violaciones a los derechos humanos es enorme.

La otra parte del problema migratorio es que siguen llegando indocumentados. Cada minuto un inmigrante cruza ilegalmente de México a Estados Unidos. Casi medio millón llega cada año. Y así seguirá ocurriendo mientras en Estados Unidos un trabajador gane quince o veinte veces más que en México por realizar la misma labor.

La paridad de salarios no se va a lograr en menos de dos o tres décadas. Para acelerar ese proceso se requiere un programa masivo de inversión extranjera en México y Centroamérica. Y eso no existe.

Por lo tanto, la única solución a corto plazo es que sea más fácil para un inmigrante el conseguir una visa o permiso de trabajo que el colarse ilegalmente por desiertos, ríos y montañas.

Entiendo a los que quieren construir más muros frente a México y quieren llevar al ejército o 20 mil agentes federales más a la frontera. Pero déjenme decirles algo: eso no va a funcionar.

No hay miedo que resista un estómago vacío.

Un hombre o una mujer con hambre hace hasta lo imposible por cruzar. No tiene nada más que perder porque, antes de partir, ya lo perdió todo.

7. Porque es la mejor forma de ayudar a América Latina y a otras regiones del mundo.

Emigrar de tu propio país es una de las decisiones más difíciles que puede tomar un ser humano. Nadie quiere dejar atrás a su familia, a sus amigos, el lugar donde creció y que está cargado de historia, emociones y recuerdos. Uno es, en parte, de ese espacio físico donde nacimos.

Pero ¿por qué se va la gente de su país? Primero, porque hay cosas que la hacen marcharse de ahí. Cuando alguien no puede subsistir con el mínimo necesario es cuando surge la idea de irse. Si no tienes casa, comida y un empleo que satisfaga tus necesidades y las de tu familia, emigrar se convierte en la única opción.

¿Qué expulsa a los latinoamericanos de sus países? Sobre todo, la falta de un trabajo bien remunerado. Hay siempre otras razones: violencia, corrupción, persecución política, falta de libertad y oportunidades culturales.

El que se va ha perdido la confianza en el futuro. No cree que el mañana será mejor que el hoy. No apuesta a que su país lo va a sacar adelante. Y no puede esperar para ver si está equivocado. El que emigra, generalmente, desconfía de los políticos que gobiernan su país y no está dispuesto a poner su vida en sus manos.

᛭

Analicemos el caso de México.

Desde 1929 hasta el 2000 México estuvo controlado por el Partido Revolucionario Institucional (PRI). No había democracia. El presidente en turno escogía a su sucesor. No había plena libertad de prensa y la oposición política era muy limitada. Y a pesar de las promesas de los políticos priístas, México no despegaba.

Vivía una crisis tras otra. A veces eran políticas, como las provocadas por las masacres de estudiantes en 1968 y 1971. Otras, las más, económicas, como las ocurridas por la nacionalización de la banca en 1982 y el llamado "error de diciembre de 1993".

El camino al Norte siempre estuvo abierto para los mexicanos. México perdió en 1848 la mitad de su territorio frente a Estados Unidos, pero los lazos emocionales, familiares, laborales y comerciales nunca quedaron cercenados con la nueva frontera.

Siempre ha existido migración de mexicanos hacia Estados Unidos. Pero ésta se incrementó de una manera dramática a partir de los años 70. Dos cosas tuvieron que ver con esa nueva ola de migrantes mexicanos hacia el Norte: las nuevas leyes migratorias hacia Estados Unidos (que eliminaron las cuotas por países y fomentaron la reunificación familiar) y la percepción de que una serie interminable de gobiernos priístas no iba a sacar lo suficientemente rápido a México del subdesarrollo.

Mientras su vecino en el Norte afianzaba su posición como una superpotencia, México tenía que lidiar con serios problemas de pobreza, corrupción, desigualdad social y una de las peores distribuciones de ingreso del mundo. Ese fue el legado del PRI durante setenta y un años.

Por eso el triunfo de Vicente Fox en las elecciones del año 2000 generó tantas expectativas entre los mexicanos. Por fin el 2 de julio del 2000 el PRI perdió el poder. Por fin México era una verdadera democracia representativa. Y con las nuevas libertades políticas, la gente esperaba un fuerte despegue económico. "No nos falles", le decían.

Fue en ese ambiente eufórico por el cambio, que entrevisté al entonces candidato ganador, el panista Vicente Fox. Un día después de su histórica victoria, Fox me dijo que iba a cumplir su promesa de campaña de crear al menos 1 millón de empleos al año. Esa cifra era la misma del número de jóvenes que, anualmente, se integraban al mercado laboral.

La idea era evitar que más mexicanos se fueran del país. Se trataba de crear suficientes buenos empleos para revertir el fenómeno migratorio. Irlanda era un buen ejemplo. Su gobierno había logrado que más irlandeses regresaran al país de los que se iban. Y si Irlanda podía, México también.

Pero al final de cuentas, Fox no pudo. No fue capaz. No cumplió sus promesas. Y al igual que los presidentes priístas que le precedieron, no pudo crear suficientes empleos para los mexicanos. Fox fue mejor candidato que presidente. Millones se fueron durante su gobierno.

El candidato presidencial Felipe Calderón, también panista, quería lograr lo que Fox no pudo hacer. Hablé con él en abril del 2006, en su casa de campaña en la ciudad de México, a sólo tres meses de las elecciones. Y me sorprendió que no tuviera ojeras a pesar de estar durmiendo sólo cuatro o cinco horas diarias. Ese candidato de cuarenta y tres años, con anteojos, poco pelo y procedente de una familia con una larga tradición política —su padre fue fundador del PAN— tenía una sóla cosa en su mente: quitarle la delantera en las encuestas al candidato del Partido de la Revolución Democrática, Andrés Manuel López Obrador.

"Sí, esa es la competencia", me dijo. "La diferencia entre él y yo es muy sencilla: yo voy a ser el presidente del empleo y él es el mata chambas de los mexicanos".

Los resultados oficiales de las controversiales elecciones le dieron el triunfo, por un ligerísimo margen, a Calderón. Pero incluso hoy en día López Obrador insiste en que hubo fraude y que le robaron la presidencia.

Y Calderón, casi a la mitad de su mandato de seis años, no es conocido por ser "el presidente del empleo". De hecho, su promesa de campaña de crear más 1 millón de empleos anuales también se ha quedado muy corta.

Los principales ingresos económicos de México provienen del petróleo. Pero la crisis económica mundial coincidió, a finales del 2008, con la caída de los precios del mismo. México, a pesar de una tímida reforma energética, no permite la participación extranjera en muchas areas de la expropiación del petróleo y su producción bajó de 3,3 millones de barriles al día en el 2004 a sólo 2,8 millones en el 2008. De seguir así corre el riesgo de pasar de exportador a importador de petróleo en el 2015, según reporta la revista *Forbes*.[29]

Y los mexicanos siguen emigrando por cientos de miles cada año.

Calderón, en sus primeros años en el gobierno, se ha dado a conocer más por su lucha contra el narcotráfico y la criminalidad que por cualquier otra cosa.

También por eso se están yendo tantos mexicanos: no se sienten seguros en su propio país.

La Comisión de Derechos Humanos de México informó que entre el 2005 y el 2008 hubo 48 millones de personas que fueron víctimas de algún delito en México. Esto es el equivalente a 43.835 crímenes por día. Es decir, casi uno de cada dos habitantes del país ha sido víctima de la delincuencia.

La comisión también reportó que entre el 2001 y el 2008 hubo 20 mil secuestros y 10.500 ejecuciones vinculadas al narcotráfico y al crimen organizado. Y de cada cien crímenes, noventa y ocho quedaron impunes.[30]

Por todo lo anterior, casi 12 millones de mexicanos, nacidos en México, han hecho de Estados Unidos su nueva casa. Y seis de cada diez mexicanos en Estados Unidos envían dinero a México a sus familias. [31]

✦

Después del petróleo, las remesas son la principal fuente de divisas extranjeras para México. En el 2008 los mexicanos en Estados Unidos enviaron 23.500 millones de dólares a México.[32] A pesar de que eso refleja un ligero descenso respecto al año anterior (un 2 por ciento menos debido a la crisis económica y a las múltiples medidas antiinmigrantes), es un ingreso importantísimo; millones de familias mexicanas dependen de él.

Basta realizar un rápido recorrido por estados como Guanajuato, Michoacán o Oaxaca para darnos cuenta de cómo poblaciones enteras dependen de las remesas recibidas desde Estados Unidos.

Hay dos rasgos fundamentales para entender este fenómeno.

Por una parte se trata de familias que reciben dinero una o dos veces al mes y que lo usan para sus gastos básicos. Y cuando sobra un poquito, las remesas son para pagar escuelas, ampliar la casa, comprar una antena de satélite o un carro nuevo, y en el mejor de los casos, para invertir en un pequeño negocio.

Estas remesas tienen los mismos efectos de los micro-créditos que tanto éxito han tenido en todo el mundo. Son pequeñas cantidades de dinero con enormes repercusiones para la economía familiar y local. Sin esas remesas, millones de mexicanos estarían viviendo en niveles extremos de pobreza.

Es fácil darse cuenta de quiénes reciben remesas y quiénes no; más en los pequeños pueblos de México que en las grandes ciudades como Guadalajara o Monterrey. En una misma cuadra resaltan las casas recién pintadas y con una antena parabólica frente a las que llevan años condenadas a la falta de mantenimiento.

El otro factor que indica la llegada de dinero del exterior es la falta de hombres. Y de mujeres.

Por muchas décadas eran los hombres los que se iban al Norte y dejaban a sus esposas y familias en México. La migración era cíclica. Se iban a Estados Unidos en la temporada de cosechas o de mayor demanda laboral y regresaban a México para las fiestas de Navidad y de fin de año.

Pero este ciclo de ir y venir se empezó a complicar tras la amnistía de 1986. Cruzar de un lado a otro de la frontera dejó de ser tan fácil. La mayoría se atrevía a cruzar solo, cerca de las ciudades fronterizas. Pero el aumento de la vigilancia en la frontera y las construcciones de muros hizo de los guías, o "coyotes", una verdadera necesidad. Se necesitaba su conocimiento de la geografía del área y de los movimientos de la patrulla fronteriza para poder cruzar.

Y lo que fue un paulatino incremento en las complicaciones para cruzar, se convirtió en una verdadera odisea tras los actos terroristas de 11 de septiembre de 2001.

Aclaremos. Los diecinueve terroristas que secuestraron cuatro aviones y que mataron a casi 3 mil norteamericanos en Nueva York, Washington y Pennsylvania no tenían absolutamente nada que ver con los millones de inmigrantes que viven pacíficamente en Estados Unidos. Pero una nueva tendencia xenofóbica se detectó en la nación tras este suceso.

Es entendible pero no justificable. Estados Unidos había vivido el peor ataque terrorista dentro de su territorio en toda su historia. Pero no se debía culpar a gente inocente por esto.

La historia de los inmigrantes mexicanos se repite, con ciertos rasgos distintos, para los que vienen de otros países.

Los 2 millones y medio de salvadoreños que viven en Estados Unidos enviaron 3.696 millones de dólares a sus familiares en el 2007.[33] Pero en el 2008, por los problemas económicos, las remesas también disminuyeron ligeramente.

Los guatemaltecos en Estados Unidos enviaron 4.128 millones de dólares a su país en el 2007 y, también, enviaron un poco menos en el 2008.[34] Lo mismo se puede decir de hondureños, colombianos y dominicanos.

Las remesas constituyen un alto porcentaje del producto interno bruto de los países latinoamericanos y son la forma más directa, efectiva y segura de ayuda proveniente de Estados Unidos. Si Estados Unidos, de verdad, quiere ayudar económicamente a América Latina, el primer paso que debe dar es legalizar a los latinoamericanos que ya viven en Norteamérica.

Desde luego, es preciso poner en práctica un plan de inversión extranjera y de gasto social a largo plazo en América Latina para evitar que tantos de sus pobladores terminen en Estados Unidos. Pero eso va a llevar décadas.

Mientras tanto, la mejor forma de asegurar entrada de divisas extranjeras en Latinoamérica y de ayudar a millones de familias pobres, es permitiéndole a los indocumentados normalizar su estatus migratorio. Eso los sacaría del *apartheid* económico en que viven, les permitiría conseguir mejores empleos y salarios y promovería el progreso al sur de la frontera.

Si en realidad el objetivo es ayudar y mejorar las relaciones con América Latina, la decisión más rápida y efectiva sería proteger legalmente a los latinomaericanos que ya viven en Estados Unidos. Ninguna otra medida política sería equiparable.

*8. Porque hace de Estados Unidos un país más
seguro.*

El primer soldado de Estados Unidos en morir en la guerra
en Iraq nació en Guatemala. El *marine* José Antonio Gutiérrez, de veintidós años de edad, murió el 21 de marzo de
2003 en el sur de Iraq.

José Antonio, asignado al segundo batallón del primer
regimiento de *Marines* en Camp Pendelton, California, creció en un orfanato en Guatemala hasta que llegó, aún de ado-
lescente, a Estados Unidos. Este inmigrante, que dio su vida
por Estados Unidos, no era ciudadano norteamericano.[35]

Al igual que José Antonio, muchos inmigrantes han
muerto y siguen muriendo en defensa de Estados Unidos.

La mayoría de los indocumentados no son criminales ni
terroristas. Y muchos de ellos, al igual que el guatemal-
teco José Antonio Gutiérrez, estarían dispuestos a luchar
en un conflicto bélico por este país... si les dieran la oportunidad. Pero no se las han dado. Para ser soldados de
Estados Unidos es preciso ser residente legal, como José
Antonio. Los indocumentados no pueden ser soldados del
ejército norteamericano.

Las guerras en Afganistán y en Iraq comenzaron tras los
ataques terroristas del 11 de septiembre de 2001. Y aunque
resulte obvio es preciso repetirlo: ninguno de los diecinueve terroristas que asesinaron a casi 3 mil norteamerica-

nos el 11 de septiembre de 2001 entraron a Estados Unidos por la frontera con México. Ninguno. Y ninguno de los terroristas del 9/11 eran latinoamericanos o recibieron entrenamiento en América Latina. Ninguno. Sin embargo, muchos inmigrantes latinoamericanos están sufriendo personalmente las consecuencias de esos actos terroristas.

Hay que perseguir a Osama bin Laden —el verdadero autor intelectual de 9/11— no a Elvira.

Llegué tarde a Chicago para conocer a Elvira Arellano a finales de agosto de 2007. Hacía unos días la habían deportado a México. Pero en ese verano muchos latinos en Chicago seguían hablando de ella.

Elvira se había convertido en un símbolo.

Elvira Arellano es la indocumentada mexicana que desafió por un año una orden de deportación al refugiarse en una iglesia de Chicago. Pero fue arrestada a principios de agosto tras su sorpresiva llegada a Los Ángeles.

Quería participar ahí en una marcha a favor de la legalización de los indocumentados. Y no pudo. Fue deportada sin muchas ceremonias a Tijuana. Sin embargo, su caso es el mejor ejemplo de por qué no sirven las actuales leyes migratorias de Estados Unidos.

El arresto de Elvira la separó de su hijo de ocho años, Saúl, que es un ciudadano norteamericano. Miles de familias han sido separadas por las recientes redadas del servicio de inmigración en todo Estados Unidos.

Elvira fue arrestada pero Osama bin Laden sigue libre.

La llamada "guerra contra el terrorismo" —según la frase acuñada por el ex presidente George W. Bush— debería librarse en contra de verdaderos asesinos y criminales, no en contra de inofensivos trabajadores inmigrantes.

¿Saben cuál fue el delito de Elvira? Conseguir documentos falsos para trabajar limpiando aviones en el aeropuerto O'Hare de Chicago. Sí, es verdad, rompió las leyes, pero su trabajo beneficiaba a muchos norteamericanos y, además, no le quitó el trabajo a nadie. Sólo quería darle una mejor vida a su hijo. Eso es todo.

Elvira y millones de inmigrantes no son enemigos de Estados Unidos; Osama sí lo es. Elvira y millones de inmigrantes no son culpables de los actos terroristas del 11 de septiembre de 2001. Sin embargo, ellos son los que están pagando las consecuencias de una política migratoria que no parece distinguir entre los buenos inmigrantes y los que son terroristas potenciales.

Días después de su arresto y deportación, se realizó en Los Ángeles la marcha proinmigrante a la que Elvira ya no pudo asistir. Pero su tragedia personal no pasó desapercibida. El lema de la protesta fue: "Todos somos Elvira".

Con muy pocas excepciones, todos los que vivimos en Estados Unidos, o nuestras familias, vinieron de otro lado. Pero una feroz y extrovertida minoría, cargada de odio y prejuicios, ha logrado imponer su mensaje antiinmigrante a un país que tradicionalmente ha abierto los brazos a los recién llegados.

Me apenó mucho no haber llegado a tiempo a Chicago para conversar con Elvira. Pero lo más curioso es que me la encontré en las pláticas con cada uno de los inmigrantes que, como ella, aún no se dan por vencidos y esperan obtener su residencia legal en Estados Unidos.

Lo más irónico de todo este debate es que una legalización de indocumentados haría de Estados Unidos un país mucho más seguro. Una legalización ayudaría a identificar a casi todas las personas que viven en el país y eso permitiría a las autoridades a concentrarse, exclusivamente, en aquellos que representan un verdadero peligro para la seguridad nacional.

La legalización de indocumentados es la medida antiterrorista más efectiva que se puede tomar para liberar millones de dólares de las agencias de inteligencia y dedicarlos a la búsqueda de individuos verdaderamente peligrosos para Estados Unidos.

Repito: la mayoría de los indocumentados no son criminales ni terroristas. Y este es el momento para sacarlos de la oscuridad y de la ilegalidad migratoria. Esto hará de Estados Unidos un país mucho más seguro.

9. Porque lo prometieron Barack Obama y John McCain.

Es el llamado Proyecto 279. Para que algo cambie realmente en Estados Unidos se necesitan 279 personas. Es la aritmética política. Se necesitan 218 congresistas (de los 435 de la Cámara de Representantes), sesenta senadores (de los cien en el Senado) y al presidente.

De tal manera que, para aprobar una reforma migratoria integral, es preciso convencer a 279 políticos. Y de ellos hay dos, vitales, que ya parecen estar convencidos: el presidente Barack Obama y el ex candidato presidencial republicano y senador John McCain. Con el liderazgo de ellos dos, las cosas pueden cambiar para millones de indocumentados. Y al mismo tiempo Estados Unidos recuperaría el control de sus fronteras y reafirmaría los principios de igualdad con los que se creó.

Barack Obama me prometió en una entrevista en Denver, Colorado, el 28 de mayo de 2008 que durante su primer año de gobierno él presentaría una propuesta de reforma migratoria. Y ahora hay que recordarle esa promesa.

Le pregunté si lo haría durante sus primeros cien días como presidente y me dijo que no. Pero luego añadió: "Lo que sí puedo garantizar es que tendremos en el primer año una propuesta migratoria que yo pueda apoyar con fuerza".[36]

Y parece que Obama no se ha olvidado de su promesa. Al tercer día de su toma de posesión, apareció en la página de internet de la Casa Blanca el tema de inmigración como una de las prioridades en su agenda.

En la parte superior de la página se lee una cita de

Obama, pronunciada en mayo 23 de 2007 en el Senado, que dice: "El momento para arreglar nuestro quebrado sistema migratorio es ahora... Necesitamos mayor vigilancia en la frontera y en nuestros lugares de trabajo... Pero para que una reforma migratoria funcione, también necesitamos responder a las razones que hacen que la gente venga a Estados Unidos... Cuando podamos reunir familias, lo debemos hacer. Y cuando podamos traer a trabajadores extranjeros con las habilidades necesarias que demanda nuestra economía, lo debemos hacer".[37]

Este debe ser, pues, el espíritu de cualquier nueva ley migratoria: proteger las fronteras, legalizar a los que ya están aquí y reformar el sistema para beneficio del país.

Muy bien, ya tenemos a Barack Obama de nuestro lado.

Y a John McCain también. "Yo soy el tipo que estuvo a favor del asunto de inmigración cuando no era popular hacerlo",[38] me dijo.

El senador de Arizona y ex candidato presidencial republicano me aseguró en una entrevista en septiembre de 2008 en Colorado Springs que estaba a favor de "un camino a la ciudadanía"[39] para aquellos indocumentados que no hubieran cometido ningún crimen, que pagaran una multa y que esperaran por su turno detrás de aquellos que habían solicitado entrar legalmente al país.

Y luego, me explicó por qué no había otra solución posible. "No hay 12 millones de esposas en Estados Unidos para arrestar y deportar a todos los inmigrantes indocumentados", me dijo. "Ellos son hijos de Dios".[40]

Si Barack Obama y John McCain están de acuerdo en este espinoso asunto, el resto de los demócratas y republicanos tendrán menos problemas en sumarse al monumental esfuerzo de cambiar las leyes migratorias.

En una entrevista a finales del 2008, le preguntaron al líder de la mayoría en el Senado, Harry Reid, si con el control de los demócratas en el Congreso sería posible hacer algo respecto al tema de la inmigración. Su respuesta fue contundente. "Sobre inmigración", dijo, "ya hay un acuerdo entre Obama y McCain para hacer algo al respecto y lo vamos a hacer".[41]

Y luego, en una conversación que tuve con el mismo senador en enero de 2009, Harry Reid me dijo que esperaba que el debate migratorio comenzara en el Senado en el mes de septiembre de 2009.[42]

Estas declaraciones llenan de esperanzas a millones. El tema ya está en la agenda presidencial, hay un cierto consenso en los temas a tratar y hasta hay una fecha tentativa para debatir el asunto.

Pero si todo lo anterior fallara, entonces habrá que recurrir a lo más básico. Y eso es recordarle al presidente Barack Obama que él prometió una reforma migratoria durante su primer año de gobierno y que las promesas son para cumplirse. Así de sencillo.

10. Porque Estados Unidos fue creado por inmigrantes y debe mantener esa tradición.

Este no es el momento de darle la espalda a una tradición que le ha funcionado tan bien a Estados Unidos. Este es un país creado por inmigrantes y debe mantener viva esa costumbre. Y la manera de respetar esa tradición en este momento de la historia es legalizando a los millones de indocumentados que ya viven aquí e ideando un sistema que permita la entrada legal, segura y eficiente de muchos más.

Se suele argumentar que todos aquellos que son actualmente ciudadanos norteamericanos cumplieron cabalmente las leyes migratorias al igual que sus familias y que los nuevos inmigrantes deben seguir, también, todos los requisitos antes de ser aceptados. Bueno, la realidad es mucho más compleja y ambigua.

Los familiares de muchos ciudadanos norteamericanos no hubieran podido entrar a Estados Unidos si los requisitos de entrada, en su momento, hubieran sido tan estrictos como ahora. Y no sólo eso. Miles de familias norteamericanas se han beneficiado del mismo tipo de amnistías o reformas migratorias que hoy se rechazan.

En la amnistía migratoria de 1986, casi 3 millones de indocumentados legalizaron su situación migratoria. La mayoría de ellos fueron mexicanos. Pero no son los únicos que se han beneficiado con amnistías.

Según la ley migratoria de 1929, por 20 dólares se podía registrar como residente permanente cualquier "extranjero honesto que haya cumplido la ley que pudiera estar en el país por una simple irregularidad técnica", que pudiera probar que llevaba viviendo en el país desde 1921 y que tuviera "un buen carácter moral".

Entre 1925 y 1965, más de 200 mil indocumentados europeos se beneficiaron de esa amnistía mediante un proceso llamado "preexaminación" (que los obligaba a salir voluntariamente del país para regresar con una visa).[43] El 73 por ciento de los que evitaron una deportación a través de esta amnistía fueron alemanes e italianos.

Entiendo que en estos momentos no hay la voluntad política para otra amnistía, como las de 1929 y 1986. Estamos en medio de una crisis económica y la actitud del país cambió completamente tras los ataques terroristas del 11 de septiembre de 2001.

Pero hay muchas alternativas que no llegan al nivel de amnistía, pero que pueden resolver la situación migratoria de millones de indocumentados. No olvidemos, de nuevo, que no estamos hablando aquí de criminales ni terroristas sino de trabajadores que, durante años, han beneficiado a todos y cada uno de los habitantes de Estados Unidos.

Ellos han construido nuestros hogares, cosechado nuestros alimentos y cuidado a nuestros hijos. Merecen nuestra buena fe y una oportunidad. Una sola.

Los inmigrantes indocumentados pueden ser nuestros mejores aliados en estos difíciles tiempos económicos. Pocos trabajan con tanta dedicación y reciben tan poco. Pocos estarían tan agradecidos por recibir esa oportunidad de vivir fuera de las sombras.

Pocos pelearían tanto por el bienestar y la superviviencia de esta nación.

Pero lo único que necesitan es una oportunidad —una sola— al igual que los millones que les precedieron.

Cuatro

EL PRIMER PRESIDENTE HISPANO DE ESTADOS UNIDOS

¿Dónde está el Barack Obama latino? ¿Por qué si hay más latinos que afroamericanos en Estados Unidos, el primer presidente miembro de una minoría no es hispano? ¿Cuándo veremos a un latino en la Casa Blanca?

Por principio hay que decir que el triunfo de Barack Obama en las elecciones del 4 de noviembre de 2008 es extraordinario en un país que ha vivido décadas de esclavitud, seguidas por décadas de racismo y discriminación. No cabe duda que la elección de Obama es un avance sin precedente en las relaciones raciales de una nación cuyos fundadores tenían, en muchos casos, esclavos.

Otro hecho incontrovertible, también, es que Estados Unidos está en camino de convertirse en un país con una mayoría latina. Y con esto, la pregunta no es si Estados Unidos tendrá un presidente hispano, sino cuándo.

Unos días antes de la Convención del Partido Demócrata en Denver, Colorado, a finales de agosto de 2008 —donde Obama pronunciaría su primer discurso como candidato oficial a la presidencia— la Oficina del Censo presentó una visión muy clara de cómo se verá Estados

Unidos en el futuro. Las 80 mil personas que habían en el estadio de fútbol donde Obama aceptó la nominación de su partido eran ya un claro reflejo de lo que estaba por venir.

Estados Unidos no será más una nación blanca y negra, sino más bien café. Será mestiza, combinada, llena de mezclas. Indefinible por raza, color o religión. Será multiétnica, multirracial, multicultural y multilingüe.

"La Oficina del Censo calcula que para el año 2042 los norteamericanos que se autodefinen como hispanos, negros, asiáticos, indígenas, hawaianos e isleños del Pacífico, van a superar a los blancos no hispanos",[1] reportó el diario *The New York Times*. El reporte era noticia porque el cálculo anterior sugería que esto no ocurriría hasta el 2050. Esto significa que las minorías están creciendo mucho más rápido de lo que se anticipaba.

La población hispana pasará de 46,7 millones en el 2008 (15 por ciento de la población) a 132,8 millones en el 2050 (un 30 por ciento del total).

Sin embargo, yo quería saber exactamente cuándo los latinos se convertirían en una mayoría absoluta en Estados Unidos (con más del 50 por ciento de la población). La Oficina del Censo no me pudo ayudar.

Hablé con dos de sus científicos y no se atrevieron a hacer cálculos que fueran más allá de cincuenta años. Tenían razón. Hay muchas variables imposibles de calcular, desde actos terroristas y cambios en las tendencias migratorias hasta guerras y catástrofes naturales.

A pesar de eso, me lancé a hacer el ejercicio matemático. Y esta es mi conclusión.

Los latinos serán la mayoría en Estados Unidos en menos de cien años. Si las variables se mantienen más o menos estables, para el año 2106 habrá más latinos que blancos no hispanos en Estados Unidos.[2]

Este crecimiento de los latinos tiene dos orígenes: la inmigración y una alta tasa de natalidad.

La Oficina del Censo calcula que el número de extranjeros que llega cada año a Estados Unidos pasará de 1,3 millones en el 2008 a más de 2 millones a mediados de siglo. La mayoría de los inmigrantes que vienen a Estados Unidos son de México.[3]

En Estados Unidos viven casi 12 millones de mexicanos, según informó Ana Teresa Aranda, la Subsecretaria de Población, Migración y Asuntos Religiosos de la Secretaría de Gobernación en México. Y cada año, de acuerdo con sus cálculos, 580 mil mexicanos más se van al Norte.[4] (Estas cifras, claro, son de antes que comenzara la crisis económica en Estados Unidos.)

Pero lo más interesante de todo es que ya para principios del siglo XXI, la mayor parte del crecimiento de los latinos se explicaba por el número de nacimientos de hispanos dentro de Estados Unidos, no por la llegada de inmigrantes.

"En los años 70, 80 y 90 había más inmigrantes hispanos que nacimientos [en la población latina]", explicó

Jeffrey Passel, el principal demógrafo del Pew Hispanic Center al diario *The New York Times*. "Pero en esta década hay más nacimientos que inmigrantes. Independientemente de lo que calculemos respecto a la inmigración en el futuro, Estados Unidos será más hispano y asiático".[5]

Esta es una verdadera revolución demográfica. Más de la mitad de todos los niños que han nacido en Estados Unidos a partir del año 2000 son hispanos. Aquí están los datos.

Del 1 de abril de 2000 al 1 de julio de 2007 nacieron 10,2 millones de hispanos en Estados Unidos. En ese mismo período el resto de la población, que es un grupo muchísimo mas grande, apenas llegó a los 10 millones[6] (según reportó el Pew Hispanic Center). Los hispanos crecieron un 29 por ciento; el resto de la población sólo un 4 por ciento.

Vamos por partes.

Las familias latinoamericanas, tradicionalmente, tienen más hijos que las norteamericanas y europeas. Y esa tendencia se mantiene cuando emigran hacia Estados Unidos.

La población hispana está creciendo 3,3 por ciento por año, mientras que el resto de la población blanca crece a un paso de un 0,3 por ciento anual.[7] Este enorme contraste genera titulares como el que recientemente publicó el diario *The Miami Herald*: "Los hispanos evitan crisis demográfica en Estados Unidos". El artículo comenzaba con el siguiente párrafo: "Si no fuera por los nacimientos de niños hispanos, Estados Unidos pudiera enfrentar un declive demográfico a largo plazo, similar al de Alemania, Japón y otros países industrializados".[8]

Los hispanos se convirtieron hace poco en la minoría más grande, sobrepasando a los afroamericanos, y en menos de un siglo serán la mayoría. Debido a la población hispana, las minorías son ya una mayoría en tres estados —Nuevo México (58 por ciento), California (57 por ciento) y Texas (52 por ciento)— y en el Distrito de Columbia (Washington D.C., 68 por ciento).[9]

Este cambio poblacional tiene enormes consecuencias culturales.

✴

Hace poco leí un artículo de la famosa y joven cantante francesa Diam, que nació en Chipre y que creció en un suburbio de París. El *International Herald Tribune* dijo que ella representaba a una nueva generación de artistas franceses, con raíces inmigrantes, que se está apropiando de Francia. "La Francia del baguette y de la boina no es mi Francia", dijo Diam, de veintisiete años, en una entrevista al diario. "Yo no me identifico con esa Francia. No significa nada para mí. Yo como kebabs y uso gorras".[10]

Bueno, ese mismo cambio cultural que están viviendo Francia y otros países europeos por la migración lo está experimentando Estados Unidos. Es el impacto hispano. Nadie sabe cuál será el resultado final. Seguramente será algo poco puro, marcado por las mezclas. Pero nos lo podemos imaginar.

Ya hoy es fácil encontrar en Estados Unidos expresiones equivalentes a las de la cantante Diam en Francia. Los Estados Unidos del *hot dog*, el béisbol y la música pop y hip-hop no le dicen nada a mucha gente que vino de otros países o que tienen padres extranjeros. Para ellos su Estados Unidos es el del fútbol o *soccer*, los tacos y la música en español del reguetón y la salsa.

En Estados Unidos se comen más tortillas que bagels, José es un nombre más popular que Michael en California y Texas y según el diario *USA Today*, entre los cinco apellidos más comunes entre gente que compra casas, los García y los Rodríguez superan a los Brown y a los Miller. Algunas de las estaciones de radio y televisión que más se escuchan y ven en Miami, Houston, Phoenix, Los Ángeles, San Francisco, Chicago y Nueva York son en español.

Los hispanos, por su misma presencia, están promoviendo los ideales de justicia y equidad de César Chávez, la música de Shakira, Calle 13 y Fonseca, la voz de Plácido Domingo y del tenor Juan Diego Flórez, las majestuosas notas de la pianista Gabriela Montero, y las palabras de Junot Díaz, Isabel Allende y Sandra Cisneros entre muchos otros.

Esta es la latinización de Estados Unidos. Pero cuidado. No significa que Estados Unidos se va a convertir en una nación latina, sino, simplemente, que la presencia de los latinos y su progreso será determinante para el futuro de la nación.

Este es precisamente el tema del excelente libro *Latinos and the Nation's Future* de el ex alcalde de San Antonio y ex secretario de vivienda, Henry Cisneros. "La población latina es ahora tan grande, su crecimiento es tan rápido, y es tan joven en contraste con el resto de la población, que no será posible progresar para Estados Unidos sin que la comunidad latina tenga sustanciales y hasta ahora inimaginables avances en lo económico y educativo",[11] escribió Cisneros, uno de los hispanos más influyentes y del que alguna vez se pensó que podría haber sido el primer presidente latino.

Los latinos, sin embargo, no siempre tuvieron un lugar central en la sociedad norteamericana.

El actor y comediante colombiano, John Leguizamo, dijo alguna vez que "si tú creces como latino [en Estados Unidos], tú eres un ciudadano de tercera categoría". Y en un comentario que demuestra, a la vez, su humor y perspicaz capacidad de observación dijo que "el hecho de que no hubiera latinos [en la serie de televisión] *Star Trek*, era una prueba de que no estaban planeando contar con nosotros en el futuro".[12]

El éxito de Leguizamo —nacido en Bogotá pero criado en Jackson Heights, Nueva York— y de muchos otros actores latinos en Hollywood es una muestra de que el futuro latino de Estados Unidos ha tomado a muchos por sorpresa (incluyendo a los creadores de *Star Trek*).

La influencia del crecimiento latino se nota en lo que comemos, en la forma en que bailamos y hasta en la manera de hablar en Estados Unidos.

✳

Estados Unidos ya es (o está a punto de convertirse) en el segundo país del mundo donde más se habla español. En el 2007 la Oficina del Censo calculaba que había 34.547.077 personas mayores de cinco años que hablaban español en casa. Imposible saber si esas cifras incluyen a todos los indocumentados.

Por eso, lo más posible es que en Estados Unidos ya existan más personas que hablan español que en Argentina, Colombia o España. Y, si no es así, está a punto de ocurrir.

Estados Unidos es el único país que conozco donde hay gente que cree que hablar un idioma es mejor que hablar dos. "La realidad es que este es un país en donde se debe hablar inglés",[13] dijo el ex alcalde de Nueva York, Rudolph Giuliani, durante su reciente y fallida campaña presidencial. Y, yo añadiría, al menos un idioma más.

Barack Obama, en cambio, destacó cómo muchos europeos hablan varios idiomas —"Es vergonzoso cuando los europeos vienen aquí y todos hablan inglés, fránces, alemán…"[14]— y los norteamericanos no. Es cierto. El periodista Andrés Oppenheimer destacó en una de sus columnas una encuesta de Eurobarómetro realizada en los veintisiete países de la Unión Europea que concluyó que cincuenta y seis de cada cien europeos hablan otro idioma además de su lengua natal.[15]

En un discurso en Georgia, el ahora presidente Obama, reconociendo el enorme crecimiento de los hispanos y su cultura, le dijo a la audiencia que "se tienen que asegurar que sus hijos puedan hablar español".[16]

La realidad es que los inmigrantes hispanos están integrándose rápidamente a Estados Unidos, aprendiendo inglés, obteniendo mejores salarios y mejor educación.

"Estamos cambiando a Estados Unidos", me dijo en una ocasión Harry Pachón, del Tomás Rivera Policy Institute. "Pero Estados Unidos también nos está cambiando a nosotros". Y luego me contaría que cuando se le pregunta a padres latinos el idioma en que sus hijos ven televisión, siete de cada diez dicen que sus hijos ven televisión en inglés. Es, me aseguró, un cambio generacional.

Y esto concuerda con la visión de que ser bilingüe es mejor.

La Oficina del Censo calcula que setenta y ocho de cada cien latinos son bilingües; desde los que hablan y escriben perfectamente en los dos idiomas hasta los que se dan a entender, con unas pocas palabras, en inglés o en español.

Tiene sentido. El español es la manera de mantener la cultura del país de donde venimos o donde están nuestras raíces. Y con el inglés salimos adelante en Estados Unidos.

Ya hay varias ciudades y regiones de Estados Unidos que son bilingües: Hialeah y la Pequeña Habana en Miami, Pilsen en Chicago, el este de Los Ángeles, Pomona, West Covina, e incluso en Brooklyn y Nueva Jersey, entre cientos de otras.

No hay ningún rincón de Estados Unidos donde no se hable español. Un 78 por ciento de los norteamericanos dijeron que frecuentemente se encuentran con gente que prefiere hablar el español al inglés, según una encuesta del programa *Good Morning America* de la cadena ABC.[17] Incluso Bill Clinton dijo alguna vez que le gustaría haber sido el último presidente de Estados Unidos que no hablara español.

Y el español tiene su lugar asegurado en Estados Unidos durante las próximas décadas por cinco razones: la constante llegada de millones de inmigrantes hispanoparlantes, la cercanía de muchas poblaciones hispanas a la frontera con México, la tecnología que por celulares y la internet permite el frecuente contacto con familiares y amigos en América Latina, los medios de comunicación en español que refuerzan y reafirman la importancia de ese idioma y la histórica costumbre entre los hispanos de hablar español en casa para mantener nuestras raíces.

A pesar de lo anterior, todavía hay mucha gente que se resiste a la idea de que Estados Unidos pueda llegar a ser un país bilingüe.

"No creo que es apropiado que una figura nacional declare que los niños de Estados Unidos deben aprender español", declaró en una entrevista Mauro Mujica, presidente de la organización U.S. English, ante la propuesta de Obama de que los niños norteamericanos deberían aprender español. "En una nación donde se hablan más de 300 idiomas, el inglés es la lengua unificadora".[18]

Pero ese argumento es falso. Lo que une a Estados Unidos no es su idioma sino sus valores: el concepto —establecido en la Declaración de Independencia[19]— de que todos somos iguales, sin importar nuestro origen, religión, raza o sexo, su tolerancia por la diversidad, la aceptación de los inmigrantes y su constante deseo de innovar y mirar hacia el futuro.

Son sus valores, no el inglés, lo que hace de Estados Unidos un país diferente.

Sin embargo, a veces parecería que mientras más se habla español en Estados Unidos, más toma fuerza la propuesta de hacer del inglés el idioma oficial. Una encuesta de la empresa Zogby en el 2007 encontró que el 83 por ciento de los norteamericanos está a favor de hacer del inglés el idioma oficial.[20]

De hecho, la plataforma del Partido Republicano para

su convención nacional en Minneapolis a principios de septiembre de 2008 tomó una postura muy clara al respecto:

"Apoyamos la adopción del inglés como el idioma oficial de Estados Unidos y exigimos la abolición de la educación bilingüe".[21]

Y los votantes latinos escucharon bien ese mensaje. Dos de cada tres latinos votaron en contra del Partido Republicano en las elecciones presidenciales del 2008.

✦

Cada vez que viajo a promover uno de mis libros o a hacer un reportaje, me encuentro con familias hispanas que me quieren presentar a sus hijos. Pero en los últimos años he notado un cambio muy significativo en este ritual.

Antes sólo me decían: "yo lo veo en las noticias" o "me leí su libro". Sin embargo, ahora me dicen: "mire, este es Gustavo; él va a ser el primer presidente hispano de Estados Unidos" o "ella es Alejandra; se va a convertir en la primera latina en llegar a la Casa Blanca". Y Gustavo tenía once meses y apenas daba sus primeros pasos. Y Alejandra dos años.

Estoy convencido de que el primer presidente hispano ya nació.

Algunos creyeron que el ex secretario de vivienda y ex

alcalde de San Antonio, Henry Cisneros, sería el primero. Otros pensaron que Bill Richardson, el ex gobernador de Nueva México, podría tener la oportunidad.

Yo más bien creo que el primer presidente hispano está en kinder o texteando desde su celular entre la clase de matemáticas y español en *high school*. El primer presidente hispano será una mezcla entre lo latinoamericano y lo anglosajón, entre el Norte y el Sur, un camino intermedio entre el blanco y el negro.

Como Barack Obama, el primer presidente latino o la primera presidenta hispana será mestizo. Y ahí radicará su fuerza. Es en la unión de los opuestos donde radica su originalidad.

No tendrá que definirse como norteamericano o como latino; será las dos cosas, sin excusas, sin justificaciones. En su apellido y en su piel llevará su historia y sus raíces. Será, al mismo tiempo, indígena y europeo, anglosajón y latinoamericano. Todo junto, indistinguible.

"El fin ulterior de la historia", decía José Vasconcelos en 1925 en su libro *La raza cósmica*, es lograr la fusión de los pueblos y las culturas". Y luego concluiría, profético: "los pueblos llamados latinos... son los llamados a consumarla".

Barack Obama es una mezcla planetaria: madre de Kansas, padre de Kenya, nacido en Hawai, criado en Indonesia, educado en Harvard y formado en Chicago.

Arrastra en su historia todos los continentes. Un presidente hispano será igualmente complejo y único en su combinación de raza, color y origen.

Es inevitable preguntarnos por qué, si hay más latinos que afroamericanos en Estados Unidos, fue Barack Obama y no un Cisneros o un López o un Villarraigosa el que llegó primero a la Casa Blanca. Y la respuesta está en un pastel de cumpleaños con pocas velitas.

Los hispanos son más jóvenes que el resto de la población norteamericana. En el 2007 el promedio de edad de los latinos era 27,6 años frente a 36,6 del país en su totalidad.[22] Es decir, el primer presidente latino o la primera presidenta hispana está estudiando en estos momentos, o viendo una video en su *laptop*, o viajando con sus padres a México o jugando fútbol.

Uno de cada cuatro hispanos tiene menos de dieciocho años. Por eso Barack Obama, a sus cuarenta y siete años de edad, llegó primero a la Casa Blanca.

Durante esos históricos días en torno a la victoria de Obama tuve la suerte de sentarme a conversar con dos de las personas que más han estudiado el progreso de los hispanos en Estados Unidos. Y le pregunté a Raúl Izaguirre, el ex presidente del Consejo Nacional de la Raza y encargado de un centro de estudios en la Universidad Estatal de Arizona, si a sus sesenta y nueve años esperaba ver al primer presidente hispano.

"Sí, lo espero", me dijo con absoluta convicción. "Tenemos a personas muy destacadas y que tienen la capacidad de ser presidente. Tienen la misma inteligencia que Obama. Lo único que les falta es presentarse y platicar con el pueblo norteamericano. Necesitan tener una oportunidad con los medios de prensa para darse a conocer al pueblo norteamericano".

Arturo Vargas, director ejecutivo de NALEO (National Association of Latino Elected and Appointed Officials), fue un poco más realista. "Por ahí vamos", me dijo. "Hemos progresado bastante. Pero tampoco podemos engañarnos. Nos queda mucho por hacer. Porque, sí, casi 10 millones de latinos votaron [en las elecciones presidenciales del 2008]. Pero 17 millones pudieron haber votado".

☀

El camino está trazado. Durante el próximo siglo los hispanos serán la mayoría. Pero antes de que eso ocurra, un latino o una latina podrá decir desde la Casa Blanca: mi casa es su casa.

Cinco

EL VOTO LATINO EN EL 2008

El martes 4 de noviembre de 2008 salieron a votar 9,7 millones de latinos.[1] Fue un extraordinario aumento respecto a los 7,6 millones[2] de que votaron en el 2004.

Efectivamente, muchos de los que marcharon en el 2006 en ciudades como Los Ángeles y Chicago exigiendo mejor trato a los inmigrantes y la legalización de los indocumentados, se convirtieron en nuevos votantes. El grito de "hoy marchamos, mañana votamos", más que una amenaza o advertencia, despertó al llamado "gigante dormido".

Tuvieron éxito las campañas de varias organizaciones latinas destinadas a, primero, convertir en ciudadanos norteamericanos a residentes, segundo, registrarlos para votar y, tercero, que salieran a hacerlo el 4 de noviembre.

NALEO reportó que uno de cada seis electores latinos (15 por ciento) votó por primera vez en su vida en una elección presidencial. Y el nivel de compromiso fue altísimo; el 92 por ciento de los latinos registrados para votar, lo hicieron.[3]

La única pena en todo este proceso es que había, poten-

cialmente, 17 millones de latinos —ciudadanos norteamericanos, mayores de dieciocho años— listos para votar. Y
sólo 9,7 millones lo hicieron. Es decir, se desperdiciaron
7,3 millones de votos latinos. Nuestra influencia política
hubiera sido mucho mayor con su voto.

Como quiera que sea, gracias al voto hispano, Barack
Obama obtuvo estados como la Florida, Nevada, Nuevo
México y Colorado que cuatro años antes habían caído en
manos de los republicanos.

El candidato demócrata, Barack Obama, obtuvo el 67
por ciento del voto latino frente al 31 por ciento del republicano, John McCain.

No sólo eso: Obama ganó ampliamente el voto latino
en los siguientes estados: Nueva Jersey (78 por ciento),
Nevada (76 por ciento), California (74 por ciento), Illinois
(72 por ciento), Nuevo México (69 por ciento), Texas (63
por ciento), Colorado (61 por ciento), Florida (57 por
ciento) y Arizona (56 por ciento).[4]

No queda la menor duda que el voto latino fue un
enorme apoyo para Obama, aunque no decisivo debido al
grandísimo margen de victoria que obtuvo sobre John
McCain. Al final, Obama obtuvo 365 votos electorales
frente a 173 de McCain.

Es necesario reconocer que la terrible crisis económica
que vivía el país en el momento de la votación —la peor
desde 1929— y la impopularidad del saliente presidente

George W. Bush (22 por ciento en enero de 2009)[5] fueron los factores predominantes que decidieron la elección.

Pero las minorías tuvieron un papel esencial. Si sólo los blancos anglosajones hubieran votado en la elección del 2008, McCain sería el presidente. Un 55 por ciento de los blancos votó por McCain y sólo un 43 por ciento lo hizo por Obama.[6]

McCain vino de abajo pero se quedó corto. Las primeras encuestas lo ponían apenas con un 23 por ciento del voto hispano a finales del 2007.[7] Y llegó hasta el 31 por ciento. Pero no fue suficiente. Desde 1980, con Ronald Reagan, ningún candidato presidencial republicano que no haya sobrepasado un tercio del voto hispano ha perdido.

El reto de McCain con los hispanos era monumental. Una encuesta realizada en el 2005 por The Latino Coalition ya pronosticaba serios problemas para los republicanos entre la comunidad hispana.

"Hay un peligro real de que se repita la era de Pete Wilson —el ex gobernador de California que atacó duramente a los inmigrantes hispanos— y que aleje a los hispanos del partido republicano por años", dijo el presidente de The Latino Coalition, Roberto de Posada. "El liderazgo republicano en el Congreso ha fallado terriblemente en mantener los avances logrados por el presidente Bush con los votantes latinos".[8]

Fueron palabras proféticas.

El estado de la Florida fue un caso interesante. Los republicanos lo habían ganado en el 2000 y en el 2004. Sin embargo, la población cubana estaba perdiendo su tradicional fuerza entre los votantes hispanos. El analista y encuestador Sergio Bendixen advirtió en una entrevista con el diario *The New York Times* que el porcentaje de votantes cubanos entre los hispanos de la Florida había bajado del 75 por ciento en el 2000 a tan sólo el 45 por ciento en el 2008.[9]

Ante este dramático cambio demográfico, era un error de los republicanos el concentrar su campaña en la Florida en su oposición al régimen castrista de La Habana. Ese era un tema que no movía a los hispanos no cubanos de la Florida.

El voto de la población puertorriqueña en el centro de la Florida fue fundamental para explicar la derrota de McCain en ese estado. Para ellos la economía y el retiro de los soldados norteamericanos de la guerra en Iraq eran asuntos más importantes que los hermanos Castro.

Barack Obama, en cambio, tenía un reto distinto. Tenía que vencer las sospechas de los que decían que los latinos que votaron en las elecciones primarias por Hillary Clinton no lo harían por él. También, las tensiones históricas entre hispanos y afroamericanos serían una interrogante en la campaña de Obama. ¿Votarían los hispanos en altos números por un afroamericano?

Al final, Obama ganó de manera convincente, en parte,

por los 20 millones de dólares invertidos para llegar al votante latino y, además, porque adecuó su mensaje a las preocupaciones reales de la comunidad hispana.

Por definición, los votantes latinos ya tienen resuelto su problema migratorio: nacieron en Estados Unidos o se convirtieron en ciudadanos norteamericanos. Por eso no es de extrañar que dos terceras partes de los votantes latinos (67 por ciento) dijeron a los encuestadores de NALEO que arreglar la situación económica era el tema fundamental para ellos.

Sin embargo, un altísimo 73 por ciento de los votantes hispanos dijo apoyar algún tipo de reforma migratoria que legalizaría a millones de indocumentados.[10]

El tema migratorio no fue prioridad para los votantes latinos (sólo un 6 por ciento, según la encuesta de NALEO, lo consideraron el asunto más importante en el 2008) pero sí tuvo un enorme peso simbólico para saber qué candidato se acercaba y entendía mejor a los hispanos. Es decir, su posición respecto al tema migratorio y a la legalización de millones de indocumentados era sólo una prueba a los candidatos para saber quién era amigo de los latinos y quién no lo era.

La nueva regla

La nueva regla de la política norteamericana es que nadie puede llegar a la Casa Blanca sin el voto de los latinos y sin antes pasar por los medios de comunicación en español. Nadie.

Todavía recuerdo que cuando era reportero de televisión en Los Ángeles en 1984 y 1985 casi ningún político hablaba español ni le interesaba darnos entrevistas para el Canal 34, el único que transmitía en castellano en esa época.

Quizás los políticos anglosajones tenían a algún asistente que hablaba español. O nos decían, medio en broma, que su chofer o su jardinero sí hablaban español. Pero nadie nos tomaba en serio.

Las cosas han cambiado radicalmente.

Ningún político puede ser elegido a un puesto local en el sur de California sin darse a conocer en la media docena de canales locales que transmiten en español. No es necesario hablar español, pero ayuda. La razón es sencilla: los noticieros en español son los más vistos en Los Ángeles.

Esto fue un factor importante para que el 17 de mayo de 2005 Antonio Villaraigosa se convirtiera en el primer alcalde latino de Los Ángeles en 133 años. El último alcalde hispano había sido Cristóbal Aguilar, quien dejó su puesto en 1872.

Desde entonces muchas cosas han pasado en esta ciudad. La más importante es que Los Ángeles se ha latinizado. La Oficina del Censo contó en el año 2000 que cuarenta y seis de cada cien habitantes eran hispanos; hoy más de la mitad de los bebés que nacen tienen apellidos latinos.

Esta ciudad alguna vez se llamó Los Ángeles, México —tal y como lo escribieron en un *billboard* o cartel gigante que promovía a una estación local de televisión en español y que causó mucha controversia. Los Ángeles —o para ser más exactos, El Pueblo de Nuestra Señora la Reina de Los Ángeles Porciúncula, como la nombró un descubridor español en 1769— primero fue parte de los territorios del norte de México. Y a partir de la guerra de 1848 se convirtió por la fuerza en una de las comunidades más diversas, pujantes y creativas de Estados Unidos.

Hoy Los Ángeles marca el destino de este país. Es, sin duda, una de las ciudades más multiculturales del mundo y, con su mayoría hispana, nos permite ver cómo se verá Estados Unidos a finales de siglo.

Antonio Villaraigosa fue uno de los pocos políticos a los que llamó Barack Obama para una reunión de emergencia a finales del 2008 para buscar soluciones a la crisis económica. Todavía no tomaba posesión como presidente, pero ya Obama entendía perfectamente que necesitaba el apoyo de Villaraigosa y de los hispanos para gobernar.

Lo que primero ocurrió en Los Ángeles empezó a permear en el resto del país. Y por lo tanto no sorprendió a nadie que casi todos los precandidatos republicanos y demócratas buscaran el voto latino a través de los medios de comunicación en español.

Los debates

Por primera vez en la historia, la mayoría de los precandidatos presidenciales de ambos partidos decidieron participar en dos foros organizados por la cadena Univision que
fueron transmitidos en español a nivel nacional.

El formato era complejo y se enfrentaba a una multitud
de retos técnicos. Los candidatos hablarían en inglés y serían traducidos simultáneamente al español. María Elena
Salinas y yo, presentadores del *Noticiero Univision*, haría-
mos las preguntas en español y los precandidatos, con un
pequeño aparato en su oído, las escucharían en inglés. Al
final, el sistema funcionó a la perfección.

Pero había un problema que no tenía nada que ver con
la cuestión técnica. El gobernador de Nuevo México y primer candidato presidencial hispano en la historia del Partido Demócrata, Bill Richardson, quería hablar en español.
El senador Christopher Dodd, quien aprendió español haciendo su servicio social en República Dominicana, también estaba dispuesto a hacerlo.

Sin embargo, los otros candidatos —la senadora Hillary Clinton, el senador Joseph Biden, el senador Barack
Obama, los ex senadores John Edwards y Mike Gravel y el
congresista Dennis Kucinich— se sintieron en desventaja
y sólo querían participar si todos hablaban solamente inglés y eran, después, traducidos al español.

Y así fue. Todos los candidatos aceptaron las reglas del juego y, al final, el único que no asistió fue el senador Biden por un viaje que tenía pendiente a Iraq.

El debate se realizó en la Universidad de Miami el domingo 9 de septiembre de 2007 y fue la noticia del día. Se presentaron cientos de periodistas de todo el mundo para cubrir el evento.

Y yo, de vez en cuando, entre pregunta y pregunta, me ponía a pensar que lo que estábamos viviendo esa noche de domingo era un cambio radical en la vida de Estados Unidos. Todos estábamos ahí hablando en español o siendo traducidos al español.

El español, no quedaba duda, se estaba convirtiendo en el segundo idioma nacional de Estados Unidos. La mayoría de las campañas presidenciales de ambos partidos tenían a gente especializada para promover a su candidato en los medios de comunicación en español.

A George W. Bush ya se le olvidó el español. Pero a mí no se me olvida que llegó a la presidencia champurreando el español.

"Yo puedo hablar español más bueno que ellos", dijo Bush en castellano en el 2000, refiriéndose a los demócratas y a su candidato Al Gore. Y tenía razón. Gore sólo podía decir "sí se puede". Y así Gore no pudo.

Bush cortejó a los hispanos en español, en *espanglish* y en palabras ininteligibles. Le funcionó: obtuvo el 31 por ciento del voto latino en el 2000 y un sorprendente 44 por ciento en el 2004. Y con eso llegó dos veces a la Casa Blanca.

Es cierto que los votantes hispanos que fueron a las urnas en noviembre del 2008 querían mucho más que sólo unas palabritas en español. Lo que había hecho Bush ocho años antes ya no era suficiente.

Pero el hechizo no había desparecido del todo. Tratar de hablar en español (o dejarse traducir) en un foro a nivel nacional, como el de Univision, demostraba interés. Así de simple. Por eso los precandidatos presidenciales habían aceptado participar en el foro.

Como dice el empresario cubanoamericano José Cancela, a los hispanos les gusta que les hablen en el idoma en que hacen el amor. Y ese es el español.

Es, también, una cuestión de identidad. Incluso los que no lo hablan o entienden bien, suelen soltar algunas frases en español —"¿cómo estás?", "pásalo bien" o el típico "buenos días"— para hacerle saber a otros hispanos que ellos también son parte del grupo. Es un código.

Los siete candidatos demócratas que participaron en el foro en español, sin duda, corrieron un riesgo político. Había electores que creían que en este país únicamente se debe hablar inglés y que aparecer en una cadena de televisión hispana fomentaba la división.

Así, por primera vez en la historia, siete candidatos le hablaron directamente a los hispanos en el idioma de su preferencia en un foro presidencial... y el mundo no se acabó.

✦

A los republicanos les costó más trabajo pero, finalmente, llegaron a la misma decisión que sus colegas demócratas de participar en el debate. Los beneficios de participar en un foro eran muy superiores al riesgo de alienar a algunos de sus posibles votantes.

El foro republicano también se realizó en la Universidad de Miami el domingo 9 de diciembre de 2007 en medio de un marcado clima antiinmigrante. Osama bin Laden no había sido capturado. Pero la indocumentada Elvira Arellano, quien había tomado refugio en una iglesia de Chicago, sí. Poco después fue deportada a México.

Algunos de los candidatos republicanos jugaban a ver quién era el más antiinmigrante. Pero esa competencia se la ganó ampliamente el congresista Tom Tancredo, quien fue el único de los precandidatos republicanos que no asistió al debate en Univision. Se negó a ser traducido al español.

El resto, sin embargo, aceptó el peso de la cambiante realidad en Estados Unidos.

Y esa realidad estaba reflejada en un informe del censo.

Hacia finales del 2007 en Estados Unidos había 858.289 personas de apellido García, 804.240 Rodríguez y 775.072 Martínez. Eran más que los Anderson, los Taylor o los Thomas.

Los Hernández (706.372) eran más que los Moore, Thompson o White. Los López (621.536) eran más que los Lee y los González (597.718) más que los Harris y Clark.[11]

Por eso, creo, estuvieron en el foro el ex calcalde neoyorquino Rudolph Giuliani, el ex gobernador de Arkansas Mike Huckabee, el congresista Duncan Hunter, el senador John McCain, el congresista Ron Paul, el ex gobernador de Massachusetts Mitt Romney y el ex senador Fred Thompson.

La conclusión era inequívoca: no buscar el apoyo de los votantes hispanos era un suicidio político en unas elecciones generales.

Además, el problema para los republicanos es que, históricamente, los demócratas siempre habían ganado la mayoría del voto latino. Y si a esto le añadíamos la percepción entre muchos hispanos de que los republicanos eran, en parte, responsables del fracaso de la reforma migratoria en el Congreso, entonces el desafío era casi infranqueable.

Tras analizar cuidadosamente la postura de los candidatos republicanos respecto al asunto migratorio, era obvio que no apoyaban una amnistía para los indocumentados y que, antes de hablar de la legalización de 12 millones de personas, querían una frontera segura. Esto chocaba con varias encuestas que indicaban que la mayoría de los hispanos favorecía la legalización de los indocumentados.

Con la excepción de John McCain, ninguno de los candidatos republicanos pudo resolver ese conflicto. Las propuestas migratorias de los republicanos eran muy distintas a las que había defendido George W. Bush ocho años antes.

George W. Bush, el candidato, trató de enamorar a los hispanos hablando español, prometiendo que trataría a los inmigrantes con "compasión", diciendo que sería el mejor amigo de México y manteniendo una línea dura contra Cuba.

Pero, sobre todo, se dio cuenta de que los valores morales de muchos hispanos coincidían con la agenda conservadora de los republicanos. Republicanos e hispanos —calculó Bush y su asesor político Karl Rove— podían ir de la mano al hablar de la familia, el aborto y la religión.

Quizás el ex gobernador de Texas no tenía las cosas tan claras respecto a Iraq o la economía, pero definitivamente sí supo cómo cortejar a los votantes hispanos.

Los republicanos necesitaban a los hispanos si querían quedarse en la Casa Blanca. Necesitaban repetir las victorias de Bush en la Florida, Colorado, Nuevo México y Nevada. Y el proceso de enamoramiento comenzó en ese foro.

Al final de cuentas, la simple realización de este debate

presidencial significó que los hispanos ya habían alcan-
zado esa "masa crítica" a la que tanto se ha referido el ex
secretario de vivienda y uno de los hispanos más influyentes, Henry Cisneros.

Los candidatos republicanos se dieron cuenta de que sin
el voto de los García, los Rodríguez y los Martínez no podrían llegar a la Casa Blanca. Y de que ese era uno de los
mayores cambios políticos que estaba viviendo el país.

✦

Además de estos dos foros, me tocó participar como uno
de los periodistas invitados en un debate copatrocinado
por CNN y Univision en la Universidad de Texas en Austin, entre los precandidatos presidenciales demócratas Hill-
lary Clinton y Barack Obama. Ahí acompañé al periodista
John King y a Campbell Brown, quien fue la moderadora.
(Poco después, los tres seríamos imitados, con mucho
humor, en el programa *Saturday Night Live*.)

El debate, realizado el 21 de febrero de 2008, fue una de
las últimas oportunidades de la senadora Clinton para des-
carrillar el impulso que llevaba el senador Obama antes de
las elecciones primarias en Texas.

Una buena parte del debate se concentró en sus distintas
propuestas para proporcionar un seguro médico a los norteamericanos, en el asunto migratorio y en la guerra en
Iraq. Pero, más que nada, el interés de este debate radicaba

en ver si Hillary podría vencer convincentemente a Barack y quitarle esa aura de invencibilidad que comenzaba a crearse a su alrededor.

Cualquiera de ellos dos que llegara a la candidatura del Partido Demócrata haría historia. Sería la primera vez en que una mujer fuera candidata o la primera vez en que un afroamericano estaría tan cerca de la Casa Blanca. Y con una guerra —la de Iraq— y un presidente tan poco populares, las posibilidades de ganar un candidato demócrata, según las encuestas, eran reales.

La senadora intentó presentar a Obama como un gran orador pero con poca experiencia. "Creo que las palabras son importantes", dijo Clinton en el debate en la Universidad de Texas, "pero las acciones hablan más que las palabras".[12]

Obama contraatacó explicando cuáles era sus posiciones más fuertes —particularmente su rechazo inequívoco a la guerra en Iraq— y luego desestimó la premisa de la senadora Clinton al sugerir que era ridículo que sus millones de seguidores estaban "siendo engañados. La implicación es que la gente que ha estado votando por mí o ha estado involucrada en mi campaña no están al tanto de la realidad".[13]

Al final de los noventa minutos de debate no hubo un claro ganador. Y eso seguía favoreciendo a Obama. Después de ese debate, ya nada ni nadie podría parar a Obama.

Hillary Clinton esperó hasta el verano para reconocer

su derrota. No fue fácil. Hubo enormes presiones para que
Obama la escogiera como su candidata a la vicepresidencia. Pero, hábilmente, Obama nombró a una comisión
para encargarse del asunto y fue el senador de Delaware,
Joseph Biden, el candidato elegido.

Hillary Clinton sería escogida, más tarde, como secre-
taria de estado.

Tras su designación como el candidato oficial del Partido Demócrata a la presidencia, surgieron algunas dudas
de si los hispanos que votaron por Hillary Clinton en las
elecciones primarias lo harían en noviembre del 2009 por
Barack Obama. Efectivamente, Hillary había obtenido
más votos hispanos que Obama y resurgieron viejas teo-
rías sobre las tensiones que han existido históricamente
entre las comunidades hispana y afroamericana.

¿Votarían los hispanos por un candidato afroamericano?, se preguntaron muchos comentaristas.

Las elecciones generales esfumaron cualquier sospecha.
El voto latino de Hillary se fue con Obama y casi siete de
cada diez votantes hispanos lo apoyó.

Las entrevistas

No deja de sorprenderme la enorme apertura del sistema
político norteamericano en el que un inmigrante como yo
haya podido participar en el 2008 en tres debates presiden-

ciales y conducir varias entrevistas con los candidatos a la Casa Blanca. Dudo muchísimo que el sistema político y las prácticas periodísticas de cualquier otro país permitan una participación tan amplia como la que tienen los extranjeros en Estados Unidos.

Durante la campaña tuve la oportunidad de entrevistar dos veces a Barack Obama, cuatro a John McCain y una a los candidatos a la vicepresidencia, Sarah Palin y Joe Biden.

Tras cada una de esas entrevistas —que fueron transmitidas por Univision en el noticiero y en el programa político *Al Punto*— escribí una columna en la que intenté rescatar lo más noticioso de nuestra conversación y reflejar lo poco o mucho que sabían los candidatos sobre los hispanos, los inmigrantes y América Latina. (Las cuatro entrevistas se encuentran al final del libro.)

Los hispanos y el futuro de la política

El Partido Demócrata recuperó en las elecciones del 2008 el apoyo de los latinos que había perdido en el 2004 ante los republicanos.

Los resultados demuestran que los votantes hispanos se sintieron más cerca de los demócratas en los asuntos esenciales de la guerra y la economía. Y en el importantísimo tema simbólico de la inmigración indocumentada, la ma-

yoría de los votantes latinos consideró que el Partido Demócrata lucharía más por una reforma migratoria que el
Partido Republicano.

Y, desde luego, no podemos descontar el factor Obama.
Hacía muchas generaciones que Estados Unidos no tenía
un líder político tan carismático, tan joven y con una
enorme capacidad oratoria como Barack Obama. Es, después de todo, un presidente escritor. Y los hispanos, como
millones de votantes de otros grupos étnicos, también res-
pondieron a su mensaje de esperanza y cambio.

Así, los demócratas pasaron del 53 por ciento del voto
latino en el 2004 al 67 por ciento en el 2008.

En cambio, los republicanos cayeron del 44 por ciento
del voto hispano en el 2004 al 31 por ciento en el 2008.
Regresaron exactamente al mismo porcentaje que habían
obtenido entre los latinos en el 2000. Los republicanos
evaporaron en una sola elección los esfuerzos de ocho años
para enamorar al voto hispano.

Por eso, en una editorial, el diario *The Wall Street Journal* concluyó que "la realidad demográfica es que el Partido Republicano no puede ganar elecciones a nivel
nacional mientras pierda una gran parte del apoyo de la
minoría étnica de más rápido crecimiento en el país".[14]

Y el líder republicano en el Senado, Mitch McConnell,
explicó en un discurso cuál podría ser la nueva estrategia
de su partido para obtener más votantes hispanos. "Las
encuestas sugieren que los votantes hispanos son incluso

más conservadores en muchos temas que el promedio de los norteamericanos", dijo McConnell. "Casi la mitad creen que los recortes de impuestos son la mejor manera de tener crecimiento económico. Casi el 80 por ciento se oponen al aborto. Como dijo [el ex presidente Ronald] Reagan: 'Los votantes hispanos son republicanos. Pero no lo saben todavía' ".[15]

Si los republicanos no logran aumentar significativamente su presencia entre los hispanos —y estados como Arizona y Texas empiezan a votar por el Partido Demócrata— entonces el futuro estará pintado de azul demócrata.

"El Partido Republicano no volverá a ser el de mayor apoyo si le cede los jóvenes y los hispanos a los demócratas", escribió el ex asesor presidencial Karl Rove en la revista *Newsweek*, poco después de la derrota de John McCain. Rove fue el estratega que le permitió a George W. Bush obtener casi la mitad del voto hispano para su reelección.

"Los republicanos deben buscar la manera de promover un control más estricto en las fronteras, establecer un programa de trabajadores temporales y una reforma migratoria que fortalezca nuestra ciudadanía, haga crecer la economía y mantenga la imagen de Estados Unidos como una nación generosa. Es suicida tomar una actitud en contra de los hispanos",[16] concluyó Rove.

Rove no está solo. La editorialista Linda Chávez escri-

bió en el periódico *San Diego Tribune* que los "republicanos finalmente están preocupados que su fracaso en atraer
votantes hispanos en las elecciones [del 2008] signifique
problemas, quizás por décadas. Pero no saben qué hacer al
respecto. Bueno, lo primero que tienen que hacer los republicanos es contrarrestar la creencia entre muchos hispanos de que no son bienvenidos en el Partido [Republicano],
y en el país".[17]

No hay que olvidar que los indocumentados de ahora
podrían ser, relativamente pronto, futuros votantes. Y esta
consideración debe entrar en el cálculo político de ambos
partidos. Estamos hablando, realmente, de millones de
votos.

Ser antihispano sería ir en contra del futuro.

Y todo esto se explica, simplemente, por la creciente influencia política de los latinos. Y no es que haya tantos en
el capitolio en Washington; en el 2008 apenas había veinticinco congresistas y tres senadores. Pero su peso radica
en que los hispanos son el voto que decide elecciones muy
cerradas y en que, en menos de cien años, habrá más latinos que miembros de cualquier otro grupo étnico en Estados Unidos.

Es la ola latina.

Seis

MANIFIESTO PARA UN NUEVO ESTADOS UNIDOS DE AMÉRICA

Estos son nuevos tiempos. "La urgencia del ahora"[1] que puso en la presidencia a Barack Obama nos obliga también a buscar otros cambios. Ya.

Los latinos son el futuro de Estados Unidos, pero hay muchas cosas que cambiar antes de que se conviertan en mayoría en menos de un siglo.

No se trata sólo de legalizar a los que se encuentran indocumentados, sino también de proteger a todos los latinos y a otras minorías. Uno pensaría que con la elección de Barack Obama se han vencido todos los prejuicios raciales en Estados Unidos. Pero el hecho de que un afroamericano haya llegado a la Casa Blanca no significa que el racismo en contra de miembros de minorías haya sido superado totalmente.

La elección de Obama no es el fin de los prejuicios raciales.

De hecho, tras la elección de Obama hubo varios reportes de prensa sobre un aumento significativo en el número de amenazas y ataques contra minorías. Cientos de incidentes fueron reportados.[2] Y muchos de los ataques fueron contra latinos.

Esto no es algo nuevo.

Del 2003 al 2007 hubo un aumento del 40 por ciento en los ataques contra hispanos, por el simple hecho de ser hispanos. Dos de cada tres víctimas de violencia en crímenes motivados por la discriminación fueron latinas.[3]

Cada vez que Estados Unidos vive una crisis, económica o de seguridad, se ve un aumento de críticas y ataques en contra de los inmigrantes y las minorías. Ocurrió después de los ataques terroristas del 11 de septiembre de 2001 y ha vuelto a ocurrir con la actual crisis financiera, de vivienda y laboral.

Es un ciclo predecible, pero no por ello justificable.

Y ahora que Estados Unidos enfrenta la peor crisis financiera desde 1929, los ataques causados por el origen o grupo étnico de la víctima van en alza. "En medio de una recesión económica podemos esperar que el aumento de las inseguridades económicas y de la falta de empleos culminen con los ataques injustificados contra inmigrantes", dijo Milton Rosado, presidente de la organización Labor Council for Latin American Advancement (LCLAA). "Esta es una peligrosa combinación que puede llevar a un aumento de crímenes de odio en contra de los latinos".[4]

Dos ejemplos terribles.

El inmigrante ecuatoriano Marcelo Lucero, de treinta y siete años de edad, murió acuchillado tras ser atacado por un grupo de siete jóvenes blancos de la población de Patchogue, Long Island, en Nueva York en noviembre del 2008. Todos fueron arrestados poco después. Según declaraciones de la policía local, el grupo "sólo quería golpear a alguien que pareciera hispano".[5]

Otro caso. Un mes después de la muerte de Lucero, el ecuatoriano José Sucushañay estaba saliendo de un bar de Brooklyn junto a su hermano Romel, cuando fueron atacados con un bate por tres jóvenes que gritaban insultos contra los hispanos y homosexuales. José murió en un hospital dos días después del ataque y un día antes de que llegara su madre de Ecuador.[6]

A pesar del triunfo de Obama, el racismo sigue siendo el principal problema social de Estados Unidos. No evita ya que un afroamericano llegue a la presidencia. Pero está aún presente.

Una encuesta hecha por Sergio Bendixen para el Banco Interamericano de Desarrollo en el 2007 corrobora esta visión. Una tercera parte de los mexicanos y centroamericanos encuestados en español dijo que el principal problema de Estados Unidos es la discriminación. El 83 por ciento de los mexicanos y el 79 por ciento de los centroamericanos consideran, además, que la discriminación va en aumento.

La conclusión es que aún se necesita hacer mucho más para vencer los obstáculos que enfrentan los hispanos y los inmigrantes latinoamericanos en su integración total a la sociedad norteamericana. Un Obama no cambia de la noche a la mañana los prejuicios y rezagos que se han tardado décadas en construir.

Las palabras importan

El cambio puede empezar con las palabras que usamos. Las palabras importan. El lenguaje nos puede acercar o llevarnos a extremos y tirarnos al precipicio.

En los últimos años el debate migratorio ha estado demasiado cargado de odio y divisionismo. Al debatir el asunto de los indocumentados pocas veces lo hemos planteado como un problema nacional en el que todos estamos involucrados y en el que todos tenemos que participar para encontrar una solución.

Es frecuente encontrar en la radio y en la internet expresiones muy ofensivas y denigrantes respecto a los inmigrantes indocumentados. Será, quizás, que la radio y la internet permiten, más que la televisión, esconder la cara de quienes atacan.

Muchos comunicadores y líderes antiinmigrantes hablan de los indocumentados como si no se tratara de otros seres humanos que, se quiera o no, participan e influyen en la vida diaria de todos los norteamericanos. Y siempre me he preguntado si quienes los atacan se han puesto en alguna ocasión en su lugar.

Pero lo que más llama la atención es la ausencia total de

un diálogo. No es una conversación. Es un intercambio de acusaciones y recriminaciones entre los que defienden a los indocumentados y quienes los atacan.

Y algo muy importante que ha faltado es, también, el escuchar las voces de los propios indocumentados. Por eso, en parte, quise escribir este libro. Para hacer escuchar las voces de los que no tienen voz.

¿Cuándo fue la última vez que escuchaste a un indocumentado en los medios de comunicación?

Sus voces, sus explicaciones, sus expectativas y sus esperanzas prácticamente no suelen aparecer en los medios de comunicación en inglés. Oímos, en cambio, a quienes protegidos detrás de un micrófono o posición de poder, hablan de los costos y desventajas de los inmigrantes, pero no de sus aportaciones y beneficios.

Es necesario romper esas barreras y establecer la conversación para que, simultáneamente, escuchemos a los defensores de los inmigrantes, a sus detractores y a los mismos indocumentados. La solución está dentro de ese triángulo.

Esto es, también, una cuestión de lenguaje. Hay que ponerle fin a esas diatribas unilaterales que sólo generan más odios y malentendidos. Se trata de arrancarle a los comentaristas más extremistas de la radio y la televisión la definición de los parámetros del debate y el control mediático de este asunto. Y eso se empieza utilizando los términos correctos.

Desterremos la palabras "ilegal" o "ilegales". No lo son. Ningún ser humano es ilegal. Son, simplemente, indocumentados; gente sin documentos legales para permanecer en Estados Unidos.

Y es muy interesante notar que tanto el presidente Barack Obama como su ex contrincante republicano, John McCain, suelen evitar la palabra "ilegal". Esa es una aportación importante porque define más claramente y sin insultos los límites del debate.

Al utilizar la palabra "ilegal" es fácil saltar a la equivocada conclusión de que se trata de criminales o delincuentes. Y no es el caso. La mayoría de los indocumentados no han cometido actos criminales ni delitos graves.

No vale criticar a los indocumentados y, al mismo tiempo, beneficiarse de su trabajo, como hacemos todos los que vivimos en Estados Unidos.

Sí, ellos violaron las leyes migratorias, pero millones de norteamericanos y miles de compañías son sus cómplices al beneficiarse de su trabajo y ofrecerles empleo. Y no por eso somos todos "ilegales".

Por eso es fundamental el escoger correctamente las palabras que definan este debate. Empecemos por devolverles, también, esa condición humana a los indocumentados. Se trata de personas que, al igual que todos nosotros, viven y trabajan en Estados Unidos. Y tienen nuestras mismas preocupaciones familiares, médicas y laborales. La diferencia, la única diferencia, está en un papel. Eso es todo.

Al final de cuentas, de lo que se trata es muy sencillo: darle un documento que legalice su presencia en Estados Unidos a los indocumentados.

¿Cuán difícil es quitarle la primera letra a la palabra "ilegal" o las primeras dos letras a la palabra "indocumentado"?

Las soluciones

Como todo en la vida, cada cierto tiempo hay que hacerle sus ajustes a las leyes migratorias para que reflejen la realidad. Pero debido al impresionante dinamismo del fenómeno migratorio en Estados Unidos, las leyes en este campo suelen ir muy retrasadas.

Basta ver las larguísimas esperas, a veces hasta de más de una década, para unir a una familia o para resolver un conflicto migratorio. Eso es totalmente inaceptable.

El sistema migratorio de Estados Unidos no funciona y requiere una urgente actualización para que responda a las necesidades del siglo XXI. No es posible que cientos de miles de personas pasen una buena parte de su vida esperando respuesta de una burocracia que no se da abasto.

El sistema migratorio en Estados Unidos es absolutamente kafkiano. Le urge una reforma de fondo y de forma.

El último ajuste de fondo al sistema ocurrió con la amnistía de 1986. Pero para que eso se diera tuvieron que pasar veintiún años desde la reforma migratoria de 1965. Y para llegar a ese momento fue preciso que transcurrieran treinta y seis años desde los cambios a las leyes migratorias de 1929. Ya toca otro cambio.

Han pasado más de dos décadas desde el último cambio importante en las leyes de inmigración y urge desmantelar un sistema ineficiente, anticuado e incapaz de adaptarse a los nuevos requerimientos de la nación.

¿Qué debe incluir una nueva reforma migratoria integral?

Una reforma migratoria requiere, al menos, tres elementos: legalizar a los indocumentados que ya están en Estados Unidos, un sistema que integre eficientemente a los cientos de miles de inmigrantes que llegan cada año y un plan de inversión a largo plazo en América Latina para crear incentivos (como empleos bien remunerados y oportunidades educativas) que eviten la migración hacia Estados Unidos.

Si estas medidas se pudieran poner en práctica, al menos parcialmente, Estados Unidos recuperaría el control de sus fronteras y centros de trabajo. Es decir, si el sistema migratorio funcionara, entonces las medidas de fuerza serían cada vez menos necesarias.

Es un error gigantesco pensar que con simples medidas de fuerza —mayor vigilancia en la frontera y en los centros de trabajo, redadas y deportaciones— se va a resolver un problema eminentemente económico.

Primero hay que resolver el asunto de los indocumentados que ya están aquí y de los que llegan todos los días. Y luego, con el uso de nuevas tecnologías, poner un mayor orden en las fronteras, puertos de entrada, compañías y oficinas.

Para que una reforma tenga éxito, todo tiene que ponerse en práctica simultáneamente. Si se implementan primero las medidas coercitivas nada se va a lograr.

La Casa Blanca, en su página de internet, parece estar consciente de esta necesidad de atacar el problema migratorio de una manera integral e incluye los siguientes elementos en una posible solución. Veamos lo que dice:

"Por mucho tiempo los políticos en Washington han explotado el tema de la inmigración para dividir a la nación en lugar de encontrar soluciones reales. Nuestro quebrado sistema migratorio sólo puede ser arreglado si se hace a un lado la política y se ofrece una solución completa que asegure nuestras fronteras, haga cumplir nuestras leyes y reafirme nuestra herencia como una nación de inmigrantes.

—Asegurar las fronteras. Proteger la integridad de nuestras fronteras. Aumentar el personal, la infraestructura y la tecnología en nuestras fronteras y en nuestros puertos de entrada.

—Mejorar nuestro sistema migratorio. Arreglar la disfuncional burocracia migratoria y aumentar el número de inmigrantes legales para mantener juntas a las familias y para cubrir la demanda de trabajos que los empleadores no puedan llenar.

—Quitar los incentivos para entrar ilegalmente. Aumentar la vigilancia a los empleadores que contratan a indocumentados.

—Sacar a la gente fuera de las sombras. Apoyar un sistema que permita a los inmigrantes indocumentados de buena conducta que paguen una multa, aprendan inglés y se vayan al final de la fila para tener la oportunidad de convertirse en ciudadanos norteamericanos.

—Trabajar conjuntamente con México. Promover el desarrollo económico en México para disminuir la inmigración ilegal".[7]

Hasta aquí la propuesta migratoria de la Casa Blanca.

Hay que reconocer que existen muchas posibles soluciones al problema migratorio. No sólo una. Pero es preciso evitar el impulso inicial de los grupos más extremistas que creen que el problema se va a resolver con más redadas, deportaciones y agentes en la frontera. Eso no es así.

Tampoco podemos tomar como propia una visión ingenua de que una nueva legalización evitará la inmigración indocumentada en el futuro. En mayor o en menor grado, pero seguirán entrando indocumentados a Estados Unidos. Pero se trata de retomar el control que, actualmente, no se tiene. Y para eso hay que ser muy realista.

En el ambiente de crisis que estamos viviendo, cualquier solución migratoria tiene que tomar en cuenta, también, la protección de los trabajos de los norteamericanos. Si los estadounidenses ven a los indocumentados como una amenaza a su situación laboral, será sumamente difícil encontrar apoyo político para una reforma migratoria en Washington.

Sin embargo, el propósito a largo plazo debe incluir la significativa disminución de la inmigración indocumentada a cambio de un sistema que logre integrar las necesidades laborales de Estados Unidos con el hasta ahora inevitable flujo migratorio de Sur a Norte.

La solución al problema migratorio requiere una visión pragmática, no política e ideológica. Y ese es precisamente el reto: saltar por arriba de los gritos de los grupos más extremistas y encontrar una solución que corresponda al principio de la Declaración de Independencia de que todos somos iguales.

Las manos del Dr. Quiñones

Las manos —y la vida— de Alfredo Quiñones son el mejor ejemplo de lo que puede lograr un indocumentado en Estados Unidos cuando se le da una oportunidad.

Alfredo llegó a Estados Unidos como indocumentado en 1987. Tenía tan sólo diecinueve años de edad. "Brinqué el cerco", me dijo en una entrevista, "entre Caléxico y

Mexicali… Yo lo único que quería hacer en aquel entonces era proveer alimento y las cosas más necesarias a una familia muy pobre en México".

Alfredo, uno de seis hermanos, cruzó la frontera sin coyote. Su familia no tenía los 600 dólares que en ese momento costaba la cruzada.

Su primer trabajo fue como campesino, cultivando tomates, ajíes y algodones en el Valle de San Joaquín, en el centro de California. Ganaba 3 dólares con 35 centavos la hora. Luego se mudó a una pequeña ciudad y probó otros trabajos: barredor, herrador, soldador. Fue así como empezó a aprender inglés y fue aceptado a un colegio comunitario.

El segundo gran brinco en su vida, tras cruzar la frontera, tuvo lugar cuando lo aceptaron para estudiar en la Universidad de California en Berkeley. Alfredo quería ser médico y nada lo iba a detener.

Su abuela, en México, había sido curandera y partera, y de ahí surgió su interés por la medicina. "He tenido muchos modelos a seguir pero me doy cuenta que en mi historia ella jugó un papel muy importante", me comentó. "Mi abuela fue una persona increíblemente respetada, no nada más por sus hijos y la sociedad, sino también en esa pequeña comunidad agrícola que existía a las afueras de Mexicali, en Baja California".

Tras graduarse de Berkeley, Alfredo fue aceptado en la Universidad de Harvard, donde estudió medicina, y decidió convertirse en neurocirujano.

"Acuérdate", apunta, "que [el líder campesino] César Chávez decía que uno de los principales problemas que tenemos es el miedo a fallar. No tenemos que tener miedo a fallar. Y yo no tenía nada que perder". Y ese joven que inició su vida laboral en la pisca del algodón se graduó de Harvard con mención honorífica.

Tras seguir un largo proceso legal, Alfredo se convirtió en ciudadano norteamericano en 1997. Y en Boston, durante la ceremonia de ciudadanía, se dio cuenta de que en sólo una década había logrado lo que a otros ha tomado generaciones enteras.

"La persona que estaba dando el discurso en la ceremonia empieza a hablar de cómo su bisabuelo había venido de Italia, y que su abuelo había trabajado duro para que su papá fuera maestro, y él eventualmente llego a ir a la Universidad de Harvard", recuerda. "Y yo me di cuenta que en menos de diez años había brincado todas esas generaciones".

Como él mismo me dijo, "ese salto ha sido increíble pero no es imposible".

Pero ¿dónde está el secreto de su triunfo? "Dedicación, determinación, disciplina, sueños y el apoyo de muchas personas, de mis padres especialmente", responde. Y un país, Estados Unidos, que le dio las oportunidades que Alfredo nunca pudo encontrar en su México natal.

Hoy Alfredo Quiñones es profesor de Neurocirugía y Oncología en la Universidad Johns Hopkins y está encargado del programa de tumores cerebrales. Su trabajo como cirujano es, literalmente, salvar vidas. Todos los días. Y, como científico, su objetivo es encontrar el origen de los tumores cerebrales y una solución al cáncer de cerebro. "Ese sería mi sueño", me comentó. "Y lógicamente que muchas personas dicen que es imposible. Pero lo mismo dijeron de mí en aquel entonces cuando yo solamente tenía dieceinueve años" (y era un campesino indocumentado).

Las manos del Dr. Quiñones han pasado de los campos de cultivo a la sala de operaciones. "Imagínate", me dijo entusiasmado. "Estas mismas manos que recogían ajíes y tomates son las mismas manos que tocan ahora los cerebros de mis pacientes".

La historia de Alfredo Quiñones es improbable. Cierto. Pero tiende a repetirse en Estados Unidos. A principios de este siglo ya había más de medio millón de latinos que eran doctores, como el Dr. Quiñones, abogados o tenían una maestría o un doctorado.[8]

El mismo fenómeno se repite entre empresarios y dueños de negocios. En 1997 había 1,2 millones de hispanos que eran dueños de sus negocios. Una década después el número había aumentado a 1,6 millones. Y según la Oficina del Censo, los hispanos crean pequeños negocios tres veces más rápido que el promedio nacional.[9]

Es decir, tenemos a muchos doctores Quiñones entre nosotros.

Mis veinticinco años en Estados Unidos

Poco antes de que yo llegara a vivir a Los Ángeles, la Oficina del Censo contó a sólo 15 millones de latinos en 1980
en todo Estados Unidos. En los veinticinco años que llevo
viviendo en Estados Unidos la población hispana se ha tri-
plicado.

Me tocó estar en la cúspide de la ola latina.

Y por eso estoy convencido de que, eventualmente, Estados Unidos tratará a millones de inmigrantes indocumentados con la misma generosidad que me ha tratado a
mí durante más de un cuarto de siglo.

Estados Unidos es un país de historias improbables, de
vidas que no hubieran podido darse en ninguna otra parte
del mundo. No creo que mi vida como periodista libre y
escritor podría haberse dado, con todas las posibilidades
que he tenido, en otro país. Por eso me vine a vivir aquí.

Estados Unidos me dio las oportunidades que México
no me pudo dar.

Mi pasado está escrito, es inmovible. No hay nada que
quiera o que pueda cambiar al respecto. Pero Estados Unidos me ha permitido escoger mi propio futuro.

Pocos países te ofrecen una segunda oportunidad. Y
Estados Unidos me la dio a mí y a muchos más.

Estados Unidos es, simultáneamente, el país que tomó

la generosísima decisión de adoptarme y el país que yo escogí para que me adoptara.

Uno no puede escoger al país en el que nace. Pero somos muy pocos los que podemos escoger el país en el que queremos vivir. Estados Unidos le ha dado esa oportunidad a millones de inmigrantes en sus más de dos siglos de historia.

Estados Unidos es un país muy joven —comparado con la mayoría de las naciones del planeta— y, sin embargo, tan profundamente maduro como para entender la importancia de la diversidad, la tolerancia y la apertura hacia los que vienen de fuera. Este es un país que creció de prisa.

Estados Unidos rápidamente se convirtió en el país del futuro —de todos nuestros futuros— luego de que sus fundadores entendieron que en la defensa de nuestras diferencias radicaba su fuerza. Y lo que separa a esta nación de muchas otras es que sus futuros tienden a ser mejor que sus presentes y pasados. Esa es la promesa.

Estados Unidos es hoy mi hogar y el hogar de mis hijos. Estados Unidos es el lugar donde encontré la promesa de que mis hijos, Paola y Nicolás, podrían vivir mejor de lo que yo viví. Y lo sigo creyendo.

Este es el país de las mezclas, el país de todos los países. O, como lo dijo el poeta y ensayista Walt Whitman, Estados Unidos "no es únicamente una nación, sino una fecunda nación de naciones".[10] Es tierra de todos. De ahí surge el título de este libro.

Estados Unidos es el país donde un extranjero se puede reinventar y, de pronto, encontrarse a millones como él.

Este es el país donde los extranjeros dejan de serlo.

Tras veinticinco años en este país tengo la absoluta confianza de que Estados Unidos, eventualmente, hará lo correcto. Tanto en la cuestión migratoria y en lucha contra el racismo como en la defensa de los derechos humanos.

Creo que este es un país que corrige sus errores, que no se queda atorado en el pasado y que empuja siempre hacia el futuro.

Es curioso cómo los inmigrantes suelen tener tanta confianza o más en el sistema y las oportunidades que ofrece Estados Unidos que muchas personas nacidas aquí. No soy una excepción.

Hace un cuarto de siglo llegué al país en donde la Declaración de Independencia nos asegura que todos seremos iguales. Y este es el momento de mantener viva esa promesa.

Es cierto que Estados Unidos está viviendo una latinización. Con el enorme aumento de la población latina es inevitable que los hispanos tengan una creciente influencia en la cultura y sociedad norteamericana.

Pero, al mismo tiempo, es preciso promover una americanización de los nuevos hispanos y de los inmigrantes latinoamericanos que viven aquí. Y es aquí donde viene el tema de la legalización. Sería un error no abrir y ajustar el sistema migratorio para integrar a estos millones de personas cuyo máximo sueño es formar parte de Estados Unidos.

Si quieren que los indocumentados hablen inglés, conozcan las costumbres del país y se integren a la sociedad norteamericana, es necesario proveerles de un documento que les permita vivir fuera de las sombras y sin miedo. La legalización es una manera de americanizar a los indocumentados.

Los grandes países se definen por la manera en que tratan a sus más débiles y por la forma en que los integran al resto de la sociedad.

Rescatar a los más vulnerables, a los indocumentados, hacerlos parte de la nación, es un ejercicio que Estados Unidos ha repetido a lo largo de su historia. No estamos pidiendo nada nuevo.

Lo único que estamos pidiendo es que, haciendo honor a su historia y a su nombre, Estados Unidos sea Estados Unidos.

Nada más. Nada menos.

CUATRO ENTREVISTAS

Estas cuatro entrevistas reflejan, creo, el intenso momento que se estaba viviendo antes de las elecciones presidenciales de noviembre del 2008. No he modificado nada. Así fueron publicadas. Algunas cosas, desde luego, ya son anacrónicas. Pero sí retratan un instante en particular de la campaña y el conocimiento (o falta de él) de los candidatos respecto a los latinos, a la inmigración y a América Latina.

✳

Obama, latinos y Latinoamérica (28 de mayo, 2008)[1]

Denver, Colorado. Barack Obama llegó sin prisa y con la absoluta convicción de que puede convertirse en el primer presidente afroamericano en la historia de Estados Unidos.

Lo había conocido en dos ocasiones anteriores, durante

los debates presidenciales y, por lo tanto, ya no me sorprendió su altura, flacura y lentitud de sus elegantes movimientos. Pero en esta ocasión lo sentí imperturbable, centrado, con un balance interior que sólo se puede describir como espiritual.

No me lo pude imaginar gritando ni enojado. Siempre da la impresión que piensa todo, una fracción de segundo más que el resto de los políticos, antes de hablar.

Hay políticos que esconden sus debilidades y pretenden aparecer más fuertes de lo que son. Obama no. Se acepta vulnerable. Es esa cualidad la que le permite conectar con la gente y con los votantes, sobre todo con los más jóvenes.

Cuando le pregunté si su esposa Michelle creía que él corría algún peligro en la campaña electoral, reconoció sin ningún titubeo el dominio que ella tiene sobre él. "Obviamente me hubiera vetado y no me hubiera dejado entrar en esta contienda por la presidencia", me dijo. "Pienso que todos tenían preocupaciones en un principio, pero creo que la protección del Servicio Secreto es excelente".

El objetivo de esta entrevista de veinte minutos con el candidato era ver qué tanto sabía sobre los hispanos en Estados Unidos y respecto a América Latina. Y sin duda había hecho su tarea.

La senadora Hillary Clinton obtuvo más votos de latinos que él durante las votaciones primarias en los cincuenta estados y Puerto Rico. Algunos creen que es por la tensión que por décadas ha existido entre afroamericanos y latinos. Pero otros apuntan al poco, ineficiente e improvisado esfuerzo de la campaña de Barack Obama entre los votantes hispanos.

"Creo que sólo tiene que ver con el hecho de que los latinos me conocen menos a mí que a la senadora Clinton", me dijo a manera de explicación. No saben, añadió, que ha trabajado con la comunidad latina de Chicago, que apoyó los esfuerzos de legalizar a los indocumentados y de mejorar los programas educativos. Pero lo que muchos sí saben es que, como senador, votó a favor de construir 700 millas de un muro en la frontera con México.

"Si llega a ser presidente", le pregunté, "¿pararía la construcción del muro?"

"Quiero saber primero qué es lo que funciona…", respondió

"¿Pero un muro funciona?"

"No lo sé todavía".

"Pero usted ya votó para construir el muro".

"Bueno, lo entiendo. Yo voté para iniciar la construcción del muro en ciertas áreas de la frontera. Creo que hay algunas zonas en las que sí tiene sentido y puede salvar vidas si prevenimos que la gente cruce áreas desérticas que son muy peligrosas. Alrededor de 400 personas mueren en esa frontera cada año.

"Otro asunto que también revisaría como presidente sería el de las redadas y deportaciones de indocumentados. No creo que sea la manera norteamericana de hacer las

cosas el arrestar a una madre, separarla de su hijo y deportarla, sin medir las consecuencias", me dijo.

Obama no se quiso comprometer, como propuso la senadora Clinton, a enviar una reforma migratoria al Congreso durantes sus primeros cien días en la Casa Blanca.
No era una respuesta realista cuando tiene que resolver
primero la guerra en Iraq y la actual crisis económica. Sin
embargo, dijo que "lo que sí puedo garantizar es un propuesta de reforma migratoria durante el primer año".

Barack Obama nunca ha viajado a América Latina en
sus cuarenta y seis años de edad. No apoya el Tratado de
Libre Comercio que en el presente negocian los gobiernos
de Estados Unidos y Colombia. Y quizás suspendería o
renegociaría el tratado comercial que existe desde 1994
con México. Pero su política exterior para la región va
mucho más allá. "Hay una conexión natural entre Estados
Unidos y América Latina".

"Cuando se termine la guerra en Iraq podremos volver
a enfocar nuestra atención [en Latinoamérica]", enfatizó.
Y luego sacó una larga lista de las cosas que quería hacer
para no olvidar la región (como lo hizo el ex presidente
George Bush a partir del 11 de septiembre de 2001).

Esto haría Barack Obama en América Latina: "Iniciaría pláticas con nuestros enemigos en Cuba y Venezuela…
[levantaría] las restricciones de viaje a quienes tienen familiares en Cuba… Quiero unirme a países como Brasil
para buscar formas más limpias de energía… Aprobé el

Tratado de Libre Comercio con Perú pero me opongo al
de Colombia hasta que tenga la confianza de que no están
matando ahí a líderes sindicales... hay que parar este tipo
de actividades paramilitares".

¿Y Hugo Chávez? ¿Es una amenaza para la seguridad
nacional de Estados Unidos y del resto del continente? "Sí,
creo que es una amenaza, pero es una amenaza manejable",
me contestó. "Sabemos, por ejemplo, que pudo haber estado involucrado con el apoyo a las FARC (Fuerzas Armadas Revolucionarias de Colombia) y perjudicando a un
vecino. Ese no es el tipo de vecino que queremos... Creo
que es importante, a través de la Organización de Estados
Americanos o de Naciones Unidas, el iniciar sanciones que
digan que ese comportamiento no es aceptable. Lo que he
dicho es que debemos tener una diplomacia directa con Venezuela... y con todos los países del mundo".

A pesar de que sus declaraciones sobre Venezuela y
Cuba —"dudo que Fidel haya escrito [su último edito-
rial]... Creo que está muy enfermo para hacerlo."— son
las que han generado más noticias, es la relación con
México la primera que quiere reparar.

"Es muy importante el acercarse al gobierno mexicano,
de una manera en que esta administración [de Bush] no lo
ha hecho para descubrir qué necesitan del otro lado de la
frontera para promover el desarrollo económico y la creación de empleos", comentó. Más trabajos allá significan
menos indocumentados viniendo a Estados Unidos.

En lo que va del año han muerto más de mil personas en México a consecuencia de la guerra entre los carteles de las drogas. Obama lo sabe y cree que el consumo en Estados Unidos es, también, parte del problema. "No legalizaría la mariguana", me dijo, "pero sí pienso que tenemos que reducir la cantidad [de drogas] en Estados Unidos".

Barack Obama estudió español en la escuela preparatoria (*high school*) y durante dos años en la universidad. "*My Spanish used to be OK*", reconoció. Pero ahora lo ha olvidado casi por completo. "Yo hablo un poquito de español pero no es *very good*", se atrevió a decir en *espanglish*.

Durante un reciente discurso sobre Cuba, sólo pronunció en español la palabra "libertad". Y, con la ayuda de un teleprompter, acaba de grabar un comercial en español para Puerto Rico. En sus presentaciones suele soltar la frase de César Chávez y Dolores Huerta: "Sí, se puede". Pero él está consciente que champurrear unas palabritas en español no es suficiente para ganar los 10 millones de votantes latinos en las elecciones presidenciales de noviembre y la buena voluntad de 550 millones de latinoamericanos.

Y para tratar de demostrar que él sería un presidente de acciones, no de palabras, quiere hacer muy pronto su primer viaje a América Latina. "Me encantaría ir... antes de noviembre". Sería su primer paso hacia el Sur.

✦

John McCain: tras la convención
(7 de septiembre, 2008)[2]

Colorado Springs. El senador John McCain llegó a tiempo
y feliz a su primera entrevista después de ser nominado
oficialmente como candidato a la presidencia por el Partido Republicano. Y no podía dejar de hablar de su decisión de escoger a la gobernadora de Alaska, Sarah Palin,
como candidata a la vicepresidencia. Sin duda, lo consi-
dera un gran acierto.

McCain estaba entusiasmado por la reacción. Más gente
estaba yendo a sus mítines de campaña. Cerca de 40 millones de personas habían escuchado sus discursos por televisión durante la convención —más de las que escucharon el
discurso de Barack Obama o vieron la ceremonia de apertura de las Olimpíadas. Y las encuestas que estaba reci-
biendo sugerían que existía una posibilidad real de ganar
las elecciones presidenciales el martes 4 de noviembre.

"Ella es dura, es fuerte y es una compañera de boleta
increíble" me dijo. "Es la gobernadora más popular de
todo Estados Unidos; tiene una aprobación del 80 por
ciento".

Así respondía McCain a las críticas de algunos periodistas y opositores de que, a sus cuarenta y cuatro años,
Sarah Palin no tenía ninguna experiencia en política exterior y, mucho menos, para reemplazar a McCain (de setenta y dos años de edad) en la presidencia. Alaska, me

dijo el senador McCain, provee el 20 por ciento de toda la energía a Estados Unidos y está muy cerca de Rusia. Y cuando le pregunté si la gobernadora Palin estaba lista para ser la comandante en jefe del Ejército de Estados Unidos, contestó: "Claro que sí. Absolutamente".

Pero Barack Obama es otra cosa, me dijo McCain: se opuso al aumento de tropas en Iraq, cree que Irán es sólo un pequeño problema y tuvo una postura muy tibia cuando Rusia invadió la república de Georgia. "Creo que [Barack Obama] no tiene el juicio necesario ni la experiencia para gobernar al país", concluyó McCain.

A pesar de que han muerto más de 4.500 soldados norteamericanos y que el gobierno iraquí aún no controla la violencia, McCain cree que Estados Unidos sí está ganando la guerra en Iraq. "Sólo el senador Obama puede creer que no hemos tenido éxito", apuntó. "Estamos saliendo victoriosos".

McCain, claramente, ha apoyado la estrategia del ex presidente George W. Bush en Iraq. Sin embargo, ha mantenido su distancia. Durante su discurso de aceptación como candidato, McCain no mencionó al presidente Bush por nombre y, además, ha aprobado un comercial en que asegura que hoy estamos peor que hace cuatro años.

"No hay duda que hay diferencias entre el presidente Bush y yo", me dijo, rechazando el argumento de la campaña de Barack Obama que una presidencia de McCain sería una continuación de la del impopular presidente Bush (que tiene sólo un 30 por ciento de aprobación, según las encuestas). Pero cuando le digo que, de acuerdo con Obama, él ha votado en el senado el 90 por ciento de las veces en apoyo a políticas del ex presidente Bush, McCain brinca y dice que "todo el mundo conoce mi record" oponiéndose a cabilderos, a proyectos de ley innecesarios y hasta a su propio partido.

Esto es particularmente cierto en el tema migratorio. La plataforma del Partido Republicano estableció en la pasada convención en St. Paul, Minnesota, que el inglés debería convertirse en el idioma oficial de Estados Unidos y que debería prohibirse la educación bilingüe en las escuelas. Cuando le pregunté a McCain si él estaba de acuerdo con esta postura de su partido, contestó con un inequívoco "no". Pero luego matizó: "Oficial o no, pero [el inglés] es nuestro idioma".

"Vamos a hablar abiertamente", me dijo. "¿Nuestro partido ha sido afectado negativamente por el lenguaje que ha usado?" se preguntó. "Sí", se respondió. "Pero yo soy la persona que enfrentó el tema de la inmigración cuando no era popular hacerlo".

El plan de McCain es sellar las fronteras antes de retomar el espinoso asunto de la legalización de millones de inmigrantes indocumentados. "Tenemos que asegurar nuestras fronteras, no sólo por la inmigración ilegal, sino también por las drogas", me dijo. "El presidente [de México, Felipe] Calderón está peleando ahora mismo por el corazón y el alma de su país debido a que los carteles de las drogas están controlando ciudades en México. Nosotros debemos ayudar. Y el plan Mérida", dijo McCain, "es una forma de hacerlo".

Contrario a lo que establece la plataforma de su partido, McCain sí estaría dispuesto a ofrecer "un camino hacia la ciudadanía norteamericana" para millones de indocumentados, bajo la condición de que no hayan cometido ningún crimen, paguen una multa y esperen su turno tras los que han solicitado entrar legalmente. "No hay 12 millones de esposas en Estados Unidos" para arrestar y deportar a todos los indocumentados, me dijo el candidato republicano. "Estos son hijos de Dios".

McCain no desaprovechó la ocasión para criticar a Barack Obama por nunca haber viajado a América Latina, por no apoyar el tratado de libre comercio con Colombia (que aún se está negociando) y por amenazar con suspender o revisar de manera unilateral el tratado de libre comercio entre Estados Unidos, México y Canadá. "Yo estoy a favor del libre comercio, de abrir esos mercados y de mejorar las vidas de la gente en México y en nuestro hemisferio para que no tengan que venir a Estados Unidos", me dijo. "El senador Obama quiere cerrar esos mercados".

A pesar de todo lo anterior, McCain no tiene la mayoría del voto hispano. Según un estudio del Pew Hispanic Center, sólo el 11 por ciento de los votantes hispanos cree que McCain sería mejor que Barack Obama para los latinos. Y si McCain no mejora su posición entre los votantes latinos en los próximos dos meses, podría perder Nuevo México, Colorado, Nevada, la Florida y hasta la presidencia. "Sé que aún tengo mucho por hacer".

Pero él está confiado en que Sarah Palin lo va a ayudar a ganar esos votos, enfatizando la historia de su familia. El hijo mayor de la gobernadora está a punto de ir como soldado a Iraq y el más pequeño de sus cinco hijos —de apenas cuatro meses— sufre del síndrome de Down. "Yo creo que los latinos se van a encariñar con ella y la van a querer tanto como la gente que la conoce bien", me dijo McCain antes de despedirse.

Iba de prisa. Lo esperaban más de 12 mil personas en un enorme acto de campaña aquí en Colorado. Seguía entusiasmado. Todo parecía cambiar para John con Sarah a su lado...

✦

Obama y Biden, juntos (29 de septiembre, 2008)[3]

Greensboro, Carolina del Norte. Barack Obama sonreía, aunque se veía cansado. La noche anterior había debatido, frente a cientos de millones de personas en todo el mundo, ante el candidato republicano a la presidencia de Estados Unidos, John McCain, y estaba satisfecho con los análisis de prensa sobre su actuación. Pero cuando le pregunté cuántas horas había dormido, evadió la pregunta con una broma. Estoy seguro que se podían contar con los dedos de su mano izquierda, con la que escribe.

En cambio, Joseph Biden, el candidato demócrata a la vicepresidencia, de sesenta y dos años, se veía fresco con su saco azul marino y estaba dispuesto a torear al más bravo. Hablé con los dos en una vieja estación de trenes. No llevaban corbata pero sí prisa.

Acababan de llegar de Missisippi, habían hecho un acto de campaña en el centro de Greensboro, comieron en menos de un cuarto de hora y se iban a Virginia esa misma tarde. Faltaba poco más de un mes para la elección presidencial y en su equipo de trabajo se notaba la angustia de los que tratan de meter demasiadas cosas en un solo día… o en una sola hora.

La entrevista fue un ping pong.

"¿Está ganando Estados Unidos la guerra en Iraq?" le pregunté al candidato demócrata, de tan sólo cuarenta y siete años de edad. "Yo no hablo en términos de victoria o de ganar porque soy realista; creo que esa es la manera de enfrentar este asunto", me dijo, citando las palabras del general David Petraeus, quien hasta hace muy poco estuvo al frente del Ejército norteamericano en Iraq. "Una de mis prioridades es terminar la guerra para que podamos enfocarnos en lo que nos permite estar más seguros y ser más fuertes".

La guerra es algo personal para Joe Biden. Su hijo Beau es miembro de la Guardia Nacional y será enviado a Iraq antes de fin de año. "¿Espera que Barack Obama, como presidente, regrese a su hijo de la guerra?" pregunté. "No", contestó. "Él va a hacer su deber como cualquier otro norteamericano. [Pero] vamos a terminar con esta guerra. Esta no es una pregunta. Vamos a terminar con esta guerra. ¿Cuándo? El plan es sacar todos los soldados de Iraq para el verano del 2010".

Una de las grandes frustraciones del primer debate presidencial es que América Latina fue ignorada olímpicamente. Ni Obama ni McCain ni el moderador Jim Lehrer le dedicaron unos segundos. Nada. Igual que el ex presidente George Bush durante casi ocho años, los candidatos presidenciales y el periodista de la cadena pública PBS trataron a la región como si no existiera.

Pero la pregunta sobre si Barack Obama realmente estaría dispuesto a reunirse con los líderes de Irán, Cuba y Venezuela, entre otros, sin condiciones —como lo dijo en julio de 2007— sigue pendiente. Tras la expulsión del embajador norteamericano en Caracas y los más recientes insultos del presidente venezolano contra lo que él llama "el imperio", ¿todavía está Barack Obama dispuesto a reunirse con Hugo Chávez?

"Mi actitud es que, como presidente, tengo la obligación —tengo el deber— de reunirme con cualquier persona, a la hora y en el lugar que yo decida, si pienso que

eso va a ayudar a la seguridad de Estados Unidos", me dijo
Obama. "Ahora, creo que Chávez se ha beneficiado al presentarse como un adversario de Estados Unidos. Y muchas veces, debido a las fallas que hay en su propio país,
explotar el sentimiento antinorteamericano le ha ayudado
a impulsar su popularidad".

Luego le pregunté a Biden si le preocupaba que Rusia
fuera a realizar ejercicios militares en Venezuela y que estuviera considerando ayudar al gobierno de Chávez a
construir plantas de energía atómica. Y, como el jefe del
Comité Senatorial de Relaciones Exteriores, me contestó
con una fuerte crítica, no a Chávez o a los rusos, sino contra el presidente Bush y el candidato John McCain.

"No hay una política hacia Rusia", me dijo. "No hay
una política hacia América Latina. No hay ninguna política. Ellos no saben qué hacer. Así que sí estoy preocupado
que [John McCain y los republicanos] ganen esta elección
porque eso sería un problema para la generación de nuestros niños".

De ahí saltamos al tema de las drogas. La violencia en
México parece estar fuera de control debido a la incapaci-
dad del gobierno para detener a los narcotraficantes. Pero
el presidente mexicano, Felipe Calderón, ha sugerido que
si no se reduce el consumo de drogas en Estados Unidos,
la violencia en su país y en el resto de América Latina tampoco se detendrá.

En este punto Barack Obama estuvo de acuerdo. "Lo

que es absolutamente cierto es que debemos tener un acuerdo de socios [con México]", me dijo. "Y eso significa que México tiene que hacer un mejor trabajo para evitar que las drogas fluyan hacia el Norte, y que Estados Unidos tiene que hacer un mejor trabajo para evitar que las pistolas y el dinero vayan al Sur". Y reconoció, también, la dificultad de enfrentar la corrupción y el narcotráfico, simultáneamente, en México.

Las preocupaciones de Biden, en ese momento, no eran primordialmente geopolíticas. Tenían nombre y apellido: Sarah Palin. Se estaba preparando para el debate con la gobernadora de Alaska y candidata republicana a la vicepresidencia. Según Biden, el asunto central no era si Sarah Palin estaba preparada para estar al frente del país, si fuera necesario, sino por qué las propuestas de gobierno de Obama eran mejor que las de McCain.

Unos días antes Biden había dicho lo siguiente: "Hillary Clinton está tan preparada o más que yo para ser vicepresidenta. Francamente, ella pudo haber sido una mejor decisión que yo". Y le pregunté al senador de Delaware si realmente creía eso.

Barack Obama nos interrumpió, soltando una carcajada, y dijo que Biden era muy modesto. Biden, sin embargo, repitió que Hillary sí estaba preparada para ser vicepresidenta y luego añadió: "Creo que yo estoy perfectamente preparado para ser vicepresidente… Mira, todavía existe cierto espacio en la política para ser amable".

Al final se tomaron fotos —muchas—, firmaron libros y Obama, todavía con una sonrisa, fue el primero en marcharse de la estación de trenes, fuertemente custodiada, donde realizamos la entrevista. Biden se quedó unos momentos más. Quería conversar sobre cómo los hispanos podrían definir esta elección presidencial. Pero pronto un asistente se acercó para apurarlo. No había tiempo que perder. La Casa Blanca estaba a la vista y todo estaba programado. Hasta la despedida.

⋆

Una plática con Sarah Palin (20 de octubre, 2008)[4]

Denver, Colorado. Ahí estaba. Sarah Palin. La mujer que atrae a miles de simpatizantes republicanos a sus mítines de campaña por todo Estados Unidos y, también, las más hirientes críticas de sus adversarios.

El pasado fin de semana fue un ejemplo perfecto de esta figura política que, simultáneamente, jala y repele. La noche del sábado más de 14 millones de personas sintonizaron el programa *Saturday Night Live* (de la cadena NBC) para verla junto a la actriz, Tina Fey, quien la imita casi a la perfección. Fue un récord de audiencia.

Pero sólo unas horas después, el domingo por la mañana, el ex secretario de estado, Colin Powell, dijo en televisión nacional que él no creía que Sarah Palin estuviera preparada para ser presidenta de Estados Unidos y anunció su apoyo a Barack Obama.

"Estamos muy sorprendidos por ese apoyo [de Powell a Obama]", reconoció la gobernadora de cuarenta y cuatro años de edad. Y luego me dijo que estaba muy entusiasmada de que John McCain, el candidato republicano a la presidencia, tuviera el apoyo de otros cuatro ex secretarios de estado. "Eso significa mucho".

Sarah Palin no cree que su candidatura afecta negativamente a McCain en su intento de llegar a la Casa Blanca. "Creo que le añado algo positivo a la campaña", me contestó con una sonrisa. Y después me hizo una lista de sus experiencias como alcalde, gobernadora, dueña de un negocio pequeño y de sus esfuerzos para imponer orden y regulaciones a un estado que produce energía para el resto del país.

"La experiencia ejecutiva que tengo es mayor, incluso, que la de Barack Obama". La candidata reafirmó su acusación de que Barack Obama "ha trabajado junto con un ex terrorista en Estados Unidos". Y aunque se negó a llamarlo "socialista", me dijo que entiende por qué algunos votantes podrían pensar eso.

Esto no es nuevo. De hecho, los ataques directos a Barack Obama se han convertido en una constante en casi todos los eventos de campaña de Palin y McCain. Lo que sí es nuevo es escuchar a la gobernadora de Alaska hablar sobre los inmigrantes indocumentados.

"¿Cuántos inmigrantes indocumentados hay en Alaska?" le pregunté. "No lo sé, no lo sé", me contestó. "Esa es una buena pregunta".

Palin no está de acuerdo en darle una amnistía a los 12 o 13 millones de inmigrantes indocumentados en Estados Unidos. "No, no estoy de acuerdo, no debe haber amnistía total", me dijo. Sin embargo, tampoco está de acuerdo en que sean deportados.

"No hay manera de arrestar a todos los indocumentados… Eso es imposible y, además, no es una forma humana de lidiar con este asunto".

Palin, al igual que McCain, propone reforzar primero la frontera con México para que crucen menos indocumentados. Y una vez que eso se logre, ofrecerle a los indocumentados que no han cometido crímenes la oportunidad de legalizar su situación migratoria.

Sarah Palin ha viajado a México en tres ocasiones. Ha estado en Puerto Vallarta de vacaciones. Pero está convencida de que el Tratado de Libre Comercio entre México, Estados Unidos y Canadá (TLC) no debe ser renegociado, como ha sugerido Barack Obama. "No debemos renegociar el TLC en este momento", apuntó. "Eso es muy peligroso".

La gobernadora se reunió recientemente en Nueva

York con el presidente colombiano, Álvaro Uribe. Pero cuando le pregunté si se debería retrasar la aprobación del Tratado de Libre Comercio con Colombia hasta que se detuvieran o disminuyeran las actuales violaciones a los derechos humanos —según reportó Human Rights Watch Americas—, ella no tuvo dudas.

"Apoyo el Tratado de Libre Comercio [con Colombia]", me dijo. "No deben verse con miedo los tratados de libre comercio. Al contrario, nos hacen trabajar más y la competencia es buena para todos".

Ella no cree que hay que reunirse con Fidel y Raúl Castro sin condiciones. "Espero poder visitar una Cuba libre", me explicó. "Lo que los hermanos Castro deben hacer es irse".

Durante un discurso en Wisconsin, escuché a la candidata llamarle "dictador" a Hugo Chávez. Y le pregunté si ella descartaba el uso de la fuerza militar en contra del actual gobierno de Venezuela. Y me dijo que sí. "La acción militar tiene que ser la última alternativa", me aseguró la candidata, que es también la madre de un soldado —Track— que actualmente está luchando en Iraq. "Odiamos la guerra. Queremos la paz. A través de negociaciones o sanciones queremos poner presión en un dictador como Hugo Chávez para hacerle saber que no se puede meterse con los Estados Unidos de la manera en que lo ha estado haciendo".

Sarah Palin, en menos de dos meses, se ha convertido

en una parte de la cultura popular de Estados Unidos. Hay muñecas con su nombre y los lentes que usa se han agotado. Y por eso le pregunté al terminar la entrevista, si ella, muy a su pesar, se había convertido en una celebridad.

"Eso no tiene nada que ver conmigo a nivel personal", concluyó. "Yo sé lo que está pasando aquí. La gente quiere un cambio, quiere una nueva visión, nueva energía, nuevas caras… No tiene nada que ver conmigo, es lo que los norteamericanos quieren".

Para saber cómo ayudar en la aprobación de una reforma migratoria integral, conéctate a:

www.inmigrante.com

Ahí hay una amplia lista de organizaciones proinmigrantes e hispanas con ideas muy concretas sobre cómo participar en este esfuerzo histórico para hacer de Estados Unidos una tierra de todos y una nación de iguales.

NOTAS FINALES

CITAS

1 Declaración de Independencia. "All men are created equal." 1776.

2 Alexis de Tocqueville. "The happy and the powerful do not go into exile." 1831.

3 John F. Kennedy. *A Nation of Immigrants*. "Little is more extraordinary than the decision to migrate." 1958.

4 Elie Wiesel. *Night*. "We must take sides. Neutrality helps the oppressor, never the victim. Action is the only remedy to indifference, the most insidious danger of all."

5 Barack Obama. Declaración en el Senado de Estados Unidos. "The time to fix our broken immigration system is now." 23 de mayo, 2007.

Uno: LOS INVISIBLES

1 Pew Hispanic Center. Trends in Unauthorized Immigration: Undocumented Inflow Now Trails Legal Inflow. 2 de octubre, 2008.

2 Ibíd. Estimated U.S. Unauthorized Immigration Population by Region and Country of Birth, 2008. Basado en los suplementos de marzo del Current Population Survey.

3 Spencer Hsu. *The Washington Post*. Cleaning Firm Used Illegal Workers at Chertoff Home. 11 de diciembre, 2008.

4 Ibíd. Departamento de Seguridad Interna; vocero, Russ Knocke: "This matter illustrates the need for comprehensive immigration reform and the importance of effective tools for companies to determine the lawful status of their workforce."

5 Comentarios del secretario de seguridad interna, Michael Chertoff, en el discurso de fin de año del 2008, Departamento de Seguri-

dad Interna: "And these are metrics not based on what we've done, but what we've achieved. The first of these is reversing the flow of illegal immigration." 18 de diciembre, 2008.

6 George W. Bush. Ellis Island, Nueva York. "Immigration is not a problem to be solved. It is a sign of a confident and successful nation.... New arrivals should be greeted not with suspicion and resentment, but with openness and courtesy." 10 de julio, 2001.

7 George W. Bush, entrevista con Charles Gibson. ABC News. 2 de diciembre, 2008.

8 Alfonso Chardy. *The Miami Herald*. U.S. Steps Up Deportation of Illegal Immigrants. "From Sept 30, 2007 to Oct 1 of this year, at least 349,041 foreign nationals were deported—a 20 percent increase over the previous 12-month period." De acuerdo con la Patrulla Fronteriza (Univision.com. 17 de diciembre, 2008), 723.825 inmigrantes indocumentados fueron arrestados en el 2008. 661.766 eran mexicanos y 62.059 de otros países. 19.346 eran de Honduras, 16.396 de Guatemala, 12.068 de El Salvador y 1.466 de Nicaragua. 10 de diciembre, 2008.

9 ICE. Reporte anual del año fiscal 2007. 276.912 deportados en 2007.

10 Jennifer Ludden. NPR. U.S. Immigration and Customs Enforcement. Immigration Experts Predict Fewer Workplace Raids. 16 de diciembre, 2008.

11 Ibíd. Congresista por Illinois Luis Gutiérrez: "You have single mothers now. You have young, fifteen-year-old kids with no father. Think about that a moment. And the government took your dad away." 16 de diciembre, 2008.

12 Instituto de Política Migratoria. ICE Fugitive Operations Program Billed as Having Explicit Security Focus is Missing its Enforcement Mark. "The report, Collateral Damage: An Examination of ICE's Fugitive Operations Program, found that 73 percent of nearly 97,000 people arrested by U.S. Immigration and Customs Enforcement (ICE) fugitive operations teams between the program's inception in 2003 and early 2008 were unauthorized immigrants without

criminal records. Despite the National Fugitive Operations Program's mandate to apprehend dangerous fugitives, arrests of fugitive aliens with criminal convictions have represented a steadily declining share of total arrests by the teams, accounting for just 9 percent of total arrests in 2007, down from 32 percent in 2003, according to the Department of Homeland Security's own estimate." 4 de febrero, 2009.

13 Barack Obama, entrevista con Univision. "I don't believe it is the American way to grab a mother away from her child and deport her without us taking the consequences of that." 28 de mayo, 2008.

14 *The New York Times*. Mother's Case Reflects Immigration Quandary. 17 de noviembre, 2007.

15 Lamar Smith, republicano de Texas y miembro del rango más alto del Comité Judicial del Congreso. *The New York Times*. "The current practice of birthright citizenship—granting automatic citizenship to children born to illegal immigrants on United States soil—creates a tremendous incentive for people to come here illegally and stay. America is the only industrialized nation that doesn't require at least one parent to be in the country legally before a child becomes a citizen. Congress should put an end to this practice." 1 de septiembre, 2008.

16 Centro de Política Migratoria. "According to polls conducted for America's Voice and a post-election survey by the NALEO Educational Fund, ImpreMedia and the Latino Decisions polling firm, 67 percent of all voters and 71 percent of Latino voters believe that illegal immigrants 'should be required to register and become legal' rather than leave the country or be allowed to stay only temporarily." 28 de enero, 2009.

17 Barack Obama, entrevista con Univision. "I cannot guarantee that it is going to be in the first hundred days, but what I can guarantee is that we will have in the first year an immigration bill that I strongly support." 28 de mayo, 2008.

18 John McCain, entrevista con Univision. "So, we can together, Republicans and Democrats, work out this issue, provide a path to citizenship on the principle that they do not take any priority over

anyone who came to this country legally or waited legally." 7 de septiembre, 2008.

Dos: UNA NACIÓN DE IGUALES

1 Declaración de Independencia. "We hold these truths to be self-evident, that all men are created equal, that they are endowed by their Creator with certain unalienable Rights, that among these are Life, Liberty and the pursuit of Happiness." 1776.

2 Declaración Universal de los Derechos Humanos, Organización de las Naciones Unidas. "All human beings are born free and equal in dignity and rights." 19 de diciembre, 1948.

3 Alexis de Tocqueville. *Democracy in America.* "In the United States, nothing struck me more forcibly than the general equality of condition among the people. The more I advance in the study of the American society, the more I perceive that this equality of condition is the fundamental fact from which all others seem to be derived." 1835.

4 Abraham Lincoln. Discurso en Peoria. "Nearly eighty years ago we began by declaring that all men are created equal; but now from that beginning we have run down to the other declaration, that for some men to enslave others is a 'sacred right of self-government.'... Our republican robe is soiled and trailed in the dust. Let us repurify it.... Let us readopt the Declaration of Independence." Octubre, 1854.

5 Martin Luther King. Discurso "I have a dream." "I have a dream that one day this nation will rise up and live out the true meaning of its creed: 'We hold these truths to be self-evident, that all men are created equal.' I have a dream that my four little children will one day live in a nation where they will not be judged by the color of their skin, but by the content of their character." 28 de agosto, 1963.

6 George Washington: "The bosom of America is open to receive not only the opulent and respectable stranger, but the oppressed and persecuted of all nations and religions; whom we shall welcome to a participation of all our rights and privileges."

7 Centro de Política Migratoria. Deromanticizing Our Immigration Past:. Why Claiming "My Family Came Legally" is Often a Myth. "Many of our ancestors would not have qualified under today's immigration laws.... Until the late nineteenth century, there were very little federal regulations of immigration—there were virtually no laws to break.... Before the twentieth century, there was virtually no bureaucracy responsible for enforcing immigration laws.... Prior to the 1920's, there were no numerical limitations on immigration to the U.S., but certain persons were banned from entering." 25 de noviembre, 2008.

8 Ibíd. Opportunity and Exclusion: A Brief History of U.S. Immigration Policy. 25 de noviembre, 2008.

9 Benjamin Franklin. *Observations*. "Why should Pennsylvania, founded by the English, become a colony of aliens, who will shortly be so numerous as to germanize us instead of our anglifying them, and will never adopt our language or customs, any more than they can acquire our complexion?" 1751.

10 Peter S. Cannellos. *The Boston Globe*. Obama victory took root in Kennedy-inspired Immigration Act. "[The 1965 Immigration Act] transformed a nation 85 percent white in 1965 into one that's one-third minority today, and on track for a nonwhite majority by 2042.... In the 1950's, 53 percent of all immigrants were European and just 6 percent were Asian; by the 1990's just 16 percent were European and 31 percent were Asian. The percentages of Latino and African immigrants also jumped significantly." 11 de noviembre, 2008.

11 John F. Kennedy. *A Nation of Immigrants*. "This is the spirit which so impressed Alexis de Tocqueville and which he called the spirit of equality.... It has meant that in a democratic society there should be no inequalities in opportunities or in freedoms." 1958.

12 Ibíd. "Immigration policy should be generous; it should be fair; it should be flexible. With such a policy we can turn to the world and to our own past, with clean hands and a clear conscience."

13 Robert Kennedy. "A great country, a selfless country, a compassionate country." 1968.

14 Edward Kennedy. Introducción a la nueva edición de *A Nation of Immigrants*. "There is no question that the immigration system needs to be reformed to meet the challenges of the twenty-first century. The urgent issue before us is about the future of America. It is about being proud of our immigrant past and our immigrant future. We know the high price of continuing inaction. Raids and other enforcement actions will escalate, terrorizing our communities and businesses. The twelve million undocumented immigrants now in our country will become millions more." 2008.

15 Emma Lazarus en la Estatua de la Libertad. "Give me your tired, your poor, your huddled masses yearning to breathe free."

16 Oprah Winfrey. CBS. "Have we become a country in which only if you are American you receive a fair treatment?" 16 de diciembre, 2008.

17 Constitución de Estados Unidos. "We the People of the United States, in Order to form a more perfect Union, establish Justice, ensure domestic Tranquility, provide for the common defence, promote the general Welfare, and secure the Blessings of Liberty to ourselves and our Posterity, do ordain and establish this Constitution for the United States of America." 17 de septiembre, 1787.

Tres: DIEZ RAZONES

1 Top 10 Immigration Myths and Facts. Preparado por el Foro Nacional de Inmigración, junio, 2003.

2 La Comisión Estadounidense para la Reforma Migratoria, designada por el Congreso, solicitó al Consejo Nacional de Investigación (la principal rama operativa de la Academia Nacional de Ciencias) "examinar los efectos de la inmigración sobre la economía nacional, sobre las utilidades y los gastos del gobierno y sobre el tamaño y la configuración futuros de la población de la nación." Los resultados, publicados en una conferencia de prensa el 17 de mayo de 1997 en Washington, D.C., fueron convincentes. "Immigration may be adding as much as $10 billion to the economy each year," said James P. Smith, senior economist at the Rand Corporation and chair panel.

"The vast majority of Americans are enjoying a healthier economy as a result of the increased supply of labor and lower prices that result from immigration."

3 Reporte de la Escuela de Salud Pública de la Universidad de California. Reuters. "Illegal Latino immigrants do not cause a drag on the U.S. health care system as some critics have contended and in fact get less care than Latinos in the country legally, researchers said Monday.... The researchers said illegal Mexican immigrants had 1.6 fewer visits to doctors over the course of a year than people born in the country to Mexican immigrants. The findings from Alexander Ortega and colleagues at the school were based in a 2003 telephone survey of thousands of California residents, including 1,317 undocumented Mexicans, 2,851 citizens with Mexican immigrant parents, 271 undocumented Latinos from countries other than Mexico and 852 non-Mexican Latinos born in the United States." 26 de noviembre, 2007.

4 Ibíd. "Low rates of use of health-care services by Mexican immigrants ... do not support public concern about immigrants' overuse of the health care system," escribieron los investigadores. "Undocumented individuals demonstrate less use of health care than U.S. born citizens."

5 Centro de Política Migratoria. From Anecdote to Evidence: Setting the Record Straight on Immigrants and Crime. 10 de septiembre, 2008.

6 Departamento de Justicia de Estados Unidos. Buró de Estadísticas de Justicia. Información en línea, "Reported Crime in United States—Total, 1960–2006." Incluida en el Reporte del Centro de Política Migratoria, 10 de septiembre, 2008.

7 Richard Nadles, Immigration and the Wealth of States. (Overland Park, KS: Americas Majority Foundation: January 2008.) Pág. 9. Incluido en el Reporte del Centro de Política Migratoria. 10 de septiembre, 2008.

8 Pew Hispanic Center. Latinos in Higher Education: Many Enroll, Too Few Graduate. 5 de septiembre, 2002.

9 CNN.com. Minorities Expected to be Majority. "By 2050 the 65 and older age group will increase to 88.5 million, more than doubling the current 38 million." (Reporte de la Oficina del Censo.) 13 de agosto, 2008.

10 Declaración de Alan Greenspan, presidente de la Junta de Gobernadores de la Reserva Federal ante el Comité Especial de la Edad, Senado de Estados Unidos. "The aging of the population is bound to bring with it many changes to our economy. Immigration, if we chose to expand it, could prove an even more potent antidote for the slowing growth in the working-age population.... Immigration does respond to labor shortages." 27 de febrero, 2003.

11 *USA Today.* 23 de julio, 2001.

12 Testimonio de Ben Bernanke, presidente de la Reserva Federal ante el Comité de Presupuesto Nacional. "Increased rates of immigration could raise growth by raising the growth rate of the labor force. However, economists who have looked at the issue have found that even a doubling in the rate of immigration to the United States, from about 1 million to 2 million per year, would not significantly reduce the federal government's fiscal imbalance." 28 de febrero, 2007.

13 Seguridad Interna. Oficina de Servicio de Migración. Legal Permanent Residents of the United States: "In 2007, a total of 1,052,415 persons became Legal Permanent Residents of the United States. The majority of new LPR's (59 percent) already lived in the United States." 1.266.219 personas se convirtieron en residentes legales permanentes en el 2006 y 1.122.257 en 2005. 2007.

14 Reporte del Foro Nacional de Inmigración de 1994. "Seis de cada diez" entran a Estados Unidos con una visa de turista, de negocios o de estudiante y luego violan los términos de dicha visa.

15 Departamento de Seguridad Interna. Comunicado de prensa. 18 de diciembre, 2008.

16 Jonathan Weisman. *The Washington Post.* 30 de septiembre, 2008. With Senate Vote, Congress Passes Border Fence Bill.

17 Ibíd. Bill Frist, líder de la mayoría del Senado. "Fortifying our borders is an integral component of national security. We can't afford to wait."

18 Ibíd. Kevin Appleby, encargado de la política migratoria de la Conferencia de Obispos Católicos. "This is not a sign of strength and engagement, but a sign of weakness and fear. And frankly, speaking as an American, it's an embarrassment."

19 George W. Bush. Discurso ante la Cámara de Comercio Hispana en Albuquerque, Nuevo México. "Mexico is a friend of America, Mexico is our neighbor ... and that is why it's so important for us to tear down our barriers and walls that might separate Mexico from the United States." (Comunicado de prensa de la Casa Blanca.)

20 Efraín Valdez, alcalde de Del Río, entrevista con Univision. "The way to protect the border is not with the wall.... [The undocumented immigrant] is going to take maybe three minutes longer to cross, but he will cross anyway."

21 Chad Foster, entrevista con Univision. "The wall will give a false impression of security. Why build a wall if we already have a natural division which is the Rio Bravo [or Rio Grande, as it is called in the United States]?" 2007.

22 Ibíd. "What we are asking for is to protect the Texas border with more technology," not with a wall.

23 Efraín Valdez, entrevista con Univision. "That worries us, because the wall is going to cut us off from using the Rio Grande; it is going to deprive us of water."

24 Patrulla Fronteriza. Oficina de Asuntos Internacionales. Univision.com. 17 de diciembre, 2008.

25 BBC World: The Latino Face of the Border Patrol. Porcentaje de los agentes latinos en la Patrulla Fronteriza, con base en datos oficiales. 1 de enero, 2009.

26 Patrulla Fronteriza. Oficina de Asuntos Internacionales. Univision.com. 17 de diciembre, 2008.

27 Bill Richardson. Debate presidencial. "I believe if you build a twelve-foot fence you'll get an awful lot of thirteen-foot ladders." 16 de agosto, 2007.

28 Consejo Nacional de La Raza. www.nclr.org/content/policy/detail/1331/

29 *Forbes*. The Next Disaster. "Narco violence is exploding, just as oil prices are plunging and Mexico is bracing for a deep U.S. recession." 22 de diciembre, 2008.

30 Reporte de la Comisión Nacional de Derechos Humanos de México. Univision. 16 de diciembre, 2008.

31 *Forbes*. The Next Disaster. "Narco violence is exploding, just as oil prices are plunging and Mexico is bracing for a deep U.S. recession." 22 de diciembre, 2008.

32 Associated Press. Fuente: Banco de México. 13 de enero, 2009.

33 Ibíd. Number of Salvadorans in the U.S. Sending Money Back Home Increases. 17 de octubre, 2008.

34 Inmigrantes guatemaltecos enviaron USD 1.756 millones [en los primeros cinco meses de 2008]. Ciudad Guatemala. Agencia ACAN-EFE. "Durante el 2007, las remesas alcanzaron un récord de 4.128,40 millones de dólares, pese a que fueron deportados 23.062 indocumentados guatemaltecos." 12 de Junio, 2008.

35 Fuentes: *Newsweek*; MSNBC; www.fallenheroesmemorial.com.

36 Barack Obama, entrevista con Univision. "What I can guarantee is that we will have in the first year an immigration bill that I strongly support." 28 de mayo, 2008.

37 Barack Obama, Declaración en el Senado de Estados Unidos. www.whitehouse.gov. "The time to fix our broken immigration system is now.... We need stronger enforcement on the border and at the workplace.... But for reform to work, we also must respond to what pulls people to America.... Where we can reunite families, we should. Where we can bring in more foreign-born workers with the skills our economy needs, we should." 23 de mayo, 2007.

38 John McCain, entrevista con Univision. Programa: *Al Punto*. "But I'm the guy who took over the issue of immigration when it wasn't popular to do so." Septiembre 2008.

39 Ibíd. "A path to citizenship." Septiembre 2008.

40 Ibíd. "There's not 12 million pairs of handcuffs in America to arrest and deport all the undocumented immigrants. These are God's children." Septiembre 2008.

41 Gannet News Service. Reid says Democrats to tackle big issues. Líder de la mayoría del senado, Harry Reid. "On immigration, there's been an agreement between Obama and McCain to move forward on that.... We'll do that." 23 de noviembre, 2008.

42 Harry Reid, entrevista con Univision. Programa: *Al Punto*. 18 de enero, 2009.

43 Centro de Política Migratoria. Deromanticizing Our Immigrant Past: Why Claiming "My Family Came Legally" is often a myth. "The 1929 Registry Act allowed 'law abiding aliens who may be in the country under some merely technical irregularity' to register as permanent residents for a fee of $20 if they could prove they had lived in the U.S. since 1921 and were of 'good moral character'." 25 de noviembre, 2008.

Cuatro: EL PRIMER PRESIDENTE HISPANO DE ESTADOS UNIDOS

1 *The New York Times*. "The census calculates that by 2042, Americans who identify themselves as Hispanic, black, Asian, American Indian, Native Hawaiian and Pacific Islander will together outnumber non-Hispanic whites." 14 de agosto, 2008.

2 Así fue como calculé las cifras: La Oficina del Censo estima que los hispanos crecerán de representar 15 por ciento de la población en el 2008 a 30 por ciento en el 2050. Es decir, crecerán de 47 millones en el 2008 a 133 millones en 42 años. Esto equivale a un crecimiento anual de 0,357 por ciento. Con estas cifras, si les tomará a los hispanos 42 años crecer de 15 por ciento a 30 por ciento, les tomará otros 56 años alcanzar 50 por ciento del total de la población en Estados Uni-

dos. Así es como llegamos a la conclusión de que para el año 2106 habrán 221 millones de hispanos en Estados Unidos, más de la mitad de la población total de la nación.

3 *The New York Times*. "Another factor is the influx of foreigners, rising from about 1.3 million annually today to more than 2 million a year by midcentury, according to projections based on current immigration policies." 14 de agosto, 2008.

4 Associated Press. "Mexico says 11.8 million of its citizens now live in the United States ... and 21.5 percent of those have U.S. citizenship. Immigration offical Ana Teresa Aranda says some 580,000 Mexican nationals emigrate each year." 20 de agosto, 2008.

5 *The New York Times*. Jeffrey S. Passel, demógrafo de alto rango en el Pew Hispanic Center. "In the 1970s, '80s and '90s, there were more Hispanic immigrants than births. This decade, there are more births than immigrants. Almost regardless of what you assume about future immigration, the country will be more Hispanic and Asian." 14 de agosto, 2008.

6 Pew Hispanic Center. Latinos Account for Half of U.S. Population Growth, por Richard Fry, investigador asociado, Pew Hispanic Center. "Since the turn of the century, Hispanics have accounted for more than half (50.5 percent) of the overall population growth in the United States—a significant new demographic milestone for the nation's largest minority group. From April 1, 2000 to July 1, 2007 the Hispanic population grew by 10.2 million to 45.5 million, an increase of 29 percent. During this same period, the much larger non-Hispanic population of the U.S. grew by 10 million, an increase of just 4 percent." 23 de octubre, 2008.

7 Comunicado de prensa del Censo de Estados Unidos. U.S. Hispanic Population Surpasses 45 Million. Now 15 Percent of Total. "With a 3.3 percent increase between July 1, 2006 and July 1, 2007, Hispanics were the fastest-growing minority group. Asians were the second fastest-growing minority group, with a 2.9 percent population increase during the period. The white population grew by 0.3 percent during the one year period." 1 de mayo, 2008.

8 Kat Glass/MCT. *El Nuevo Herald*. Hispanics Save the U.S. from a Demographic Crisis. 19 de agosto, 2008.

9 Comunicado de prensa del Censo de Estados Unidos. 1 de mayo, 2008.

10 *International Herald Tribune*. Diam (Melanie Georginades). "The France of the baguette and the beret is not my France. I don't relate to that France. It doesn't mean anything to me. I like to eat kebabs. I wear hoods." 6 de junio, 2007.

11 Henry Cisneros. *Latinos and the Nation's Future*. Arte Público Press, Houston, Texas. "The Latino population is now so large, its trajectory of growth so rapid, its contrast in relative age to that of the general population so stark, that it will not be possible for the United States to advance without substantial, and so far unimagined, gains in the economic, education, and productive attributes of the nation's Latino community." 2008.

12 CNN Entertainment. John Leguizamo. "You grow up Latin in this country and you're a third class citizen from the word go.... There were no Latin people on *Star Trek*; this was proof that they weren't planning to have us around for the future." 1998.

13 Rudolph Giuliani. *The New York Times*. "I mean, the reality is that this is a country that should speak English." 12 de julio, 2008.

14 Barack Obama. *The New York Times*. "You know, it's embarrassing when Europeans come over here, they all speak English, they speak French, they speak German." 12 de julio, 2008.

15 Andrés Oppenheimer. *El Nuevo Herald*. Obama and Spanish Language Teaching. 17 de julio, 2008.

16 Barack Obama. Business Wire. "You need to make sure that your child can speak Spanish." 9 de julio, 2008.

17 ABC News Internet Ventures. Análisis por Peyton M. Craighill. "All told, 78 percent in this ABC News 'Good Morning America' poll say they often or sometimes come into contact with people in this country who speak mainly Spanish rather than English—including 55 percent who encounter it 'often.' " 8 de octubre, 2007.

18 Jaime García, entrevista con Univision. 10 de julio, 2008.

19 Declaración de Independencia. "We hold these truths to be self-evident, that all men are created equal, that they are endowed by their creator with certain unalienable Rights, that among these are Life, Liberty, and the Pursuit of Happiness." 1776.

20 Business Wire. "A 2007 Zogby poll found that 83 percent of Americans favor making English the official language." 9 de julio, 2008.

21 Plataforma del Partido Republicano para la Convención Nacional. Minneapolis. "We support the adoption of English as the official language of the United States, and we demand the abolition of bilingual education." 1 al 4 de septiembre, 2008.

22 Censo de Estados Unidos. 1 de mayo, 2008. La población hispana en el 2007 tenía un rango medio de edad de 27,6 años comparado con el rango de 36,6 de la población en su totalidad. Casi 24 por ciento de la población hispana era menor de dieciocho años, comparado con el 25 por ciento de la población total.

Cinco: EL VOTO LATINO EN EL 2008

1 Encuesta de la National Association of Latino Elected and Appointed Officials (NALEO). 20 de noviembre, 2008.

2 Censo de Estados Unidos del 2004.

3 NALEO. Encuesta. 20 de noviembre, 2008.

4 Análisis de los resultados de la encuesta del 2008 del Pew Hispanic Center, según fue reportado por la CNN.

5 *CBS News*. Enero 2009.

6 Pew Research Center. How Hispanics Voted in the 2008 Election. 5 de noviembre, 2008.

7 Pew Hispanic Center. Hispanics and the 2008 election: A swing vote? 6 de diciembre, 2007.

8 Roberto de Posada. The Latino Coalition. Republicans Rapidly Losing Ground Among Hispanic Voters. "There is real danger for a repeat of the Pete Wilson era that alienated Hispanics from the GOP for years. The Republican leadership in Congress has failed misera-

bly in keeping the coattails of President Bush among Hispanic voters." 5 de enero, 2006.

9 *The New York Times*. Democrats See Cuba Travel Limits as Campaign Issue in Florida. 1 de junio, 2008.

10 Encuesta de NALEO. "Forty-nine percent of Latino voters say they support an approach that deals with both—border security and immigrants in the U.S.—at the same time, while 24 percent support proposals that would deal with immigrants first and 17 percent who would believe we should deal with border security first." Por lo tanto, el 73 por ciento (sumando el 49 por ciento y el 24 por ciento), están a favor de algún tipo de reforma inmigratoria. 20 de noviembre, 2008.

11 *The New York Times*. In U.S. Count, Garcia is Catching Jones. 17 de noviembre, 2007.

12 Debate CNN–Univision. Universidad de Texas, Austin. Hillary Clinton: "I do think that words are important and words matter. But actions speak louder than words." 21 de febrero, 2008.

13 Barack Obama. Debate CNN–Univision. Universidad de Texas, Austin. "[It is ridiculous to suggest my supporters] are being duped. The implication is that the people who have been voting for me or involved in my campaign are somehow delusional." 21 de febrero, 2008.

14 Centro de Política Migratoria. 2009 Elections Results Lesson Learned: Conservative and GOP Leadership Calling for New Strategy on Hispanic Voters. El comité editorial del *Wall Street Journal* escribió en diciembre: "The demographic reality is that the GOP can't win national elections while losing such a large share of the fastest-growing ethnic minority in the country."

15 Discurso de Mitch McConnell. Comité Nacional Republicano, reunión de invierno. "Polling suggests that Hispanic voters are even more conservative on a number of issues than the average American. About half say that tax cuts are the best route to economic growth. Nearly 80 percent oppose abortion. As Reagan put it, 'Hispanic voters are Republicans. They just don't know it yet.' " 29 de enero, 2009.

16 Karl Rove. *Newsweek*. A Way Out of the Wilderness. "The GOP won't be a majority if it cedes the young or Hispanics to Democrats. Republicans must find a way to support secure borders, a guest-worker program and comprehensive immigration reform that strenghtens citizenship, grows our economy and keeps America a welcoming nation. An anti-Hispanic attitude is suicidal." Noviembre, 2008.

17 Centro de Política Migratoria. 2008 Election Results Lesson Learned. Linda Chavez escribió en el *San Diego Tribune* en noviembre del 2008, "Republicans are finally worried that their failure to attract Hispanic voters in this year's election spells trouble—perhaps for decades. But they're not sure what to do about it. The first thing Republicans have to overcome is a growing belief among Hispanics that they aren't welcome in the party—or in America, for that matter."

Seis: MANIFIESTO PARA UN NUEVO ESTADOS UNIDOS DE AMÉRICA

1 Barack Obama. Discurso. Dallas, Texas. "The urgency of now." 20 de febrero, 2008.

2 Mathew Bigg. Reuters. Election of Obama Provokes Rise in U.S. Hate Crimes. "Hundreds of incidents of abuse or intimidation apparently motivated by racial hatred have been reported since the Nov 4 election, though most have not involved violence, said the Southern Poverty Law Center. White Supremacist groups such as the Ku Klux Klan and the Council of Conservative Citizens have seen a flood of interest from possible new members since the landmark election of the first black president in U.S. history. Far right groups are also capitalizing on rising unemployment in the economic downturn and a demographic shift that could make whites a minority by mid-century, the Southern Poverty Law Center said." 2008.

3 Estadísticas de crímenes de odio publicadas por el Buró Federal de Investigación (FBI) y reportados por el Labor Council for Latin American Advancement (LCLAA). LCLAA Concerned with Growing Anti-Immigrant/Latino Attacks. "In 2007, Hispanics represented 61.7 of all victims of crimes motivated by the victims ethnicity or national origin." 16 de diciembre, 2008.

4 Ibíd. Milton Rosado, presidente nacional del LCLAA. "In the middle of an economic recession we can expect economic insecurities to rise and the lack of jobs to result in scapegoating of immigrants. This is a dangerous combination that can lead to an increase in the number of hate crimes against Latinos."

5 Los acusados "simply wanted to beat up someone who looked Hispanic." La policía local reportó al FBI que hubieron 830 víctimas de crímenes anti-hispanos en 595 incidentes alrededor de la nación en el 2007. Ambas cifras representan incrementos sobre los años previos, con base en los reportes anuales ordenados por el Acta de Estadísticas de Crímenes de Odio.

6 Kareem Fahim y Karen Zraick. *The New York Times*. A Death Shakes Up Ecuadoreans as They Make Their Mark in New York. 15 de diciembre, 2008.

7 www.whitehouse.gov. "For too long, politicians in Washington have exploited the immigration issue to divide the nation rather than find real solutions. Our broken immigration system can only be fixed by putting politics aside and offering a complete solution that secures our border, enforces our laws, and reaffirms our heritage as a nation of immigrants. Create Secure Borders: Protect the integrity of our borders. Support additional personnel, infrastructure and technology on the border and at our ports of entry. Improve Our Immigration System: Fix the dysfunctional immigration bureaucracy and increase the number of legal immigrants to keep families together and meet the demand for jobs that employers cannot fill. Remove Incentives to Enter Illegally: Remove incentives to enter the country illegally by cracking down on employers who hire undocumented immigrants. Bring People Out of the Shadows: Support a system that allows undocumented immigrants who are in good standing to pay a fine, learn English, and go to the back of the line for the opportunity to become citizens. Work with Mexico: Promote economic development in Mexico to decrease illegal immigration."

8 Oficina del Censo de Estados Unidos. Census Hispanic Heritage Month 2002 Facts. 3 de septiembre, 2002.

9 *The Washington Post*. Krissah Williams y Cecilia Kang. The Latino Small-Business Boom. 22 de marzo, 2006.

10 Walt Whitman (1819–1892). "Not merely a nation, but a teeming nation of nations."

Apéndice: CUATRO ENTREVISTAS

1 Entrevista con el candidato presidencial Barack Obama. Denver, Colorado.

2 Conversación con John McCain después de la Convención del partido Republicano.

3 Obama y Biden, juntos. Greensboro, Carolina del Norte.

4 Entrevista con Sarah Palin. Denver, Colorado.